Yahya Ekhou

Freie Menschen kann man nicht zähmen

Für diejenigen, deren Stimmen wir nicht hören können.

An meine Schwester Mai.

Yahya Ekhou

Freie Menschen kann man nicht zähmen

Alibri

2022

Yahya Ekhou ist ein mauretanischer Menschenrechtsaktivist, Autor und Atheist. 2018 floh er nach Deutschland, nachdem Islamisten ihn bedroht hatten. Heute engagiert er sich unter anderem in der *Säkularen Flüchtlingshilfe* und informiert in Artikeln und Vorträgen über die Situation in Mauretanien.

Alibri Verlag
www.alibri.de
Aschaffenburg
Mitglied in der Assoziation Linker Verlage (aLiVe)

1. Auflage 2022

Umschlaggestaltung: Eva Witten
unter Verwendung einer Abbildung von © Jeffrey Czum | Pexels
Druck und Verarbeitung: druk-24h, Białystok

ISBN 978-3-86569-369-3

Inhalt

Vorwort

Sie werden möglicherweise von gemischten Gefühlen erfasst, wenn Sie dieses Buch lesen. Viele Leute fragen mich: Was sind die Motive, die Sie dazu bringen, über Ihr Leben, Ihre Erfahrungen und Ihre Flucht zu schreiben? Lohnt es sich überhaupt, darüber zu schreiben? Ist es nicht nur eine Erfahrung wie jede andere, über die es schon genug Berichte gibt?

Ich denke, dass alle Erfahrungen es verdient haben aufgeschrieben zu werden. Jeder muss im Laufe seines Lebens zu sich selbst finden, und das ist oft kein einfacher Prozess. Bei mir hat es innere Konflikte ausgelöst, dass ich vorgeben musste, jemand zu sein, der ich nicht bin. Man erwartete von mir, dass ich eine Kopie meines Vaters, Großvaters und meiner anderen männlichen Verwandten werde.

Die Erfahrung, die Menschen machen, wenn sie ihre bisherige Identität in Frage stellen, verdient es, in ihrer ganzen Reichweite dokumentiert zu werden. Denn dabei geht es um einen komplexen Prozess, bei dem eine geistige Entwicklung dazu führt, dass diese Menschen ein völlig neues Leben führen.

Für Mauretanien gilt: Alle Geschichten von freiem Denken, die aufgeschrieben und verbreitet wurden, wurden in den Sprachen der Diaspora veröffentlicht, und das machte den Inhalt unzugänglich und für arabische Leser nicht greifbar. In Deutschland wissen die meisten Leser aufgrund der fehlenden Medienberichterstattung nichts über Mauretanien. Es mangelt auf allen Ebenen: Kulturell, politisch, wissenschaftlich und wirtschaftlich wird der Name des Landes in den internationalen Medien selten erwähnt.

In Mauretanien wird außer dem sunnitischen Islam keine Konfession anerkannt. Frei zu denken ist in den arabisch-islamischen Ländern in den letzten Jahren ein dringliches Thema geworden. Das bedeutet nicht zwangsläufig, dass die Zahl der Anhänger des Atheismus zugenommen hat, aber die neuen Kommunikationsmöglichkeiten haben dazu geführt, dass frei denkende Menschen eher miteinander in Kontakt kommen können.

In der Islamischen Republik Mauretanien gibt es kein öffentliches Leben, wie es aus Deutschland oder anderen europäischen Staaten oder sogar in den liberalsten islamischen Ländern wie dem Libanon, Ägypten und den Vereinigten Arabischen Emiraten bekannt ist. Es gibt keine Bars, Clubs, Cafés oder Kinos. Das islamische Recht verbietet all das. Es gibt keinen Ort, an dem sich Nicht-Muslime treffen könnten. Treffen von Nicht-Muslimen, von Atheisten, Agnostikern, aber auch von Menschen anderer Religionen, wie Schiiten und Christen, finden aufgrund der ernsten Bedrohung nicht öffentlich und an geheimen Orten statt. Denn auf abweichende religiöse oder weltanschauliche Haltungen steht die Todesstrafe.

Der Moment, in dem ich einen Teil meines Lebens dokumentiere, um meine Freiheit zu erlangen, ist einer der wichtigsten Momente in meinem Leben. In Deutschland fühle ich mich frei, und dieses Gefühl wird hoffentlich so lange anhalten wie ich lebe. Wenn ich an die Vergangenheit denke, fallen mir viele Situationen ein, in denen diejenigen, die frei dachten, sich mit Gewalt konfrontiert sahen und mit ihrer Inhaftierung rechnen mussten.

Weil Mauretanien im Gegensatz zu Saudi-Arabien und dem Iran für die Welt weder politisch noch wirtschaftlich wichtig ist, werden Menschenrechtsverletzungen von der Öffentlichkeit nicht wahrgenommen. Menschen aus anderen, bedeutenderen Ländern bekommen dagegen Unterstützung, weil die Massenmedien und Menschenrechtsorganisationen eher an der Nationalität als an dem einzelnen Menschen interessiert sind.

Atheismus ist eine Einstellung wie jede andere und keine Krankheit oder geistige Störung, wie in islamischen Ländern manchmal behauptet wird. Wahl- und Meinungsfreiheit umfasst alle Bereiche, und das Bekenntnis zum Atheismus muss dabei eingeschlossen sein. Jeder Einzelne hat ein Recht auf Unterstützung, um stolz auf die Vielfalt und auf das Bewusstsein für die eigene Identität zu sein. Der Atheismus muss als Ergebnis eines Prozesses gesehen werden, in dem mit Tabus und Regeln gebrochen wird, die uns zwingen, unsere intellektuellen Überzeugungen als Krankheit, Illusion, Störung etc. zu verbergen. In Gesellschaften, die sich zu einer monolithischen religiösen Einheit formen und die jede Form von Vielfalt und Pluralismus ablehnen, besteht für alle die Verpflichtung, sich innerhalb dieses Rahmens zu verhalten. Aber ist es gerecht, uns unser Recht auf die Staatsbürgerschaft und sogar unser Recht auf Leben zu verweigern, nur weil wir als Ergebnis unseres freien Denkens Ideen zum Ausdruck bringen, die von diesem Rahmen abweichen?

Sagt die Logik der Gerechtigkeit nicht, dass alle Ansichten die gleichen Chancen haben?

Unterdrückung, Verfolgung und Diktatur entstehen, wenn der Peitschenträger freigesprochen und der Wortträger angeklagt wird.

Hier soll eine Reise mit all ihren Details, Leiden, Zweifeln, dem Schmerz und der Rebellion erzählt werden. Denn die meisten Geschichten von freiem Denken wurden nicht erzählt, sondern schon in der Wiege getötet.

Dieses Buch erzählt meine Geschichte. Die Geschichte eines jungen Mannes, gegen den eine Fatwa ausgestellt wurde. Gegen den in seiner Heimat Islamisten demonstrierten und seine Hinrichtung forderten. Dem die mauretanische Staatsbürgerschaft entzogen wurde und gegen den Klagen eingereicht wurden.

Das Buch erzählt von der Gewalt extremistischer Islamisten, die auch in Deutschland nicht endete, und vom Kampf für die Freiheit ohne Angst vor Bestrafung.

Dieses Buch ist ein eindringlicher und ausdrücklicher Aufruf, die Ketten zu zerbrechen, die unseren Geist gefangen halten und unser Leben, unser Gewissen und unsere Menschlichkeit korrumpieren und die uns auferlegen, die gesamte Existenz aus einer einzigen ideologischen Perspektive zu betrachten.

Es ist nur ein Blick auf den Kampf, den jede freie Person führt, um sie selbst zu sein, die Maske abzulegen und endlich ein freier Mensch zu werden.

Die mauretanische Gesellschaft

Genau wie die Wüste und ihre Stille ist auch Mauretanien ein stilles, abwesendes und unbekanntes Land. Mauretanien ist alt, aber es gibt keine geschriebene moderne Geschichte, weil wir eine Gesellschaft sind, die ihre Geschichte nur mündlich bewahrt. Wir haben keine Geschichte. Das ist eines unserer Probleme. Was unsere tatsächlichen Krisen betrifft: niemand hat darüber geschrieben. Die ganze Welt ist von der Phase der mündlichen Dokumentation längst zur schriftlichen und digitalen Dokumentation übergegangen; Mauretanien jedoch nicht.

Die Struktur der mauretanischen Gesellschaft ist gekennzeichnet von ethnischem Pluralismus und unterliegt einer doppelten Logik. Dem ethnischen Pluralismus steht nämlich eine monolithische Herrschaft gegenüber. Eine ethnische Gruppe dominiert das Land, und das sind die Araber. In Mauretanien ist der Staat der Stamm und der Stamm ist der Staat. Der Stamm ist die Autorität. Die Regierung basiert gewissermaßen auf einer Kombination aus der Macht der Stämme und religiösem Scheichtum, weil Stammesnormen auch nach der Einführung des Staates und seiner Institutionen weiterwirkten. Durch die Macht der Stämme sind staatliche Institutionen zu bloßem Dekor ohne Einfluss geworden. Staatliche Institutionen sind weder gerecht noch neutral, da durch die Verteilung der Posten die Stammeshierarchie in ihnen verankert wird. Diese Hierarchie ist nach dem Prinzip der Herren und der Sklaven durch Vererbung organisiert. Menschen aus großen Stämmen genießen Privilegien und Macht, während Menschen aus niedrigeren Schichten unter Diskriminierung, Ungleichheit, Rassismus und Unterdrückung leiden. Die Gesellschaft besteht aus mehreren Ethnien: Polar, Wolof, Soniki, Araber. Die Araber sind eine Minderheit, haben jedoch die Macht und kontrollieren Politik, Wirtschaft und Armee. Die mauretanische Gesellschaft ist in mehrere Klassen unterteilt: Albayzan, Bidhan, Zawaya, Al-Hartani, Mu'allimin, Aznak, Ijawen. Jede Klasse hat eine Rolle und Funktion, die sie von den anderen unterscheidet.

Die Klasse der Albayzan zum Beispiel kontrolliert den Staat politisch, wirtschaftlich und militärisch. Die Zawayas hingegen übernehmen die religiöse Autorität und verwalten die religiösen Schulen namens Mahdarah. Die Al-Hartani sind Sklaven. Sie kultivieren die Felder, pflügen und dienen den Arabern (Bidhan und Zawaya). Die Mu'allimin übernehmen die traditionelle Industrie und werden manchmal als Handwerker bezeichnet. Und Ijawen sind die Künstler, die Hochzeiten und gesellschaftliche Ereignisse gestalten. Jeder Beruf gehört zu einer bestimmten Gesellschaftsklasse. Der Stamm, zu dem meine Familie gehört, ist der Tajakanet-Stamm, einer der größten Stämme der Zawayas.

Die afrikanischen Ethnien sind in drei Gruppen unterteilt: die Soniki, die Polar, die von den Stämmen der Flans abstammen (die Fallata), und die Wolof. Jede Gruppe hat ihre eigene Sprache, und jede Ethnie ist ebenfalls in Klassen unterteilt: Sklaven, Freie und Unternehmer.

Alle Frauen müssen den Hijab tragen. Frauen können den Schleier niemals abnehmen. Alles im Land muss islamisch sein und ist darauf ausgerichtet sicherzustellen, dass das islamische Recht angewendet wird. Männer und

Frauen sind immer voneinander getrennt. Ich erinnere mich, dass meine Mutter mir erzählte, dass sie als Kind dachte, die ganze Welt sei so.

Um ehrlich zu sein, abseits von Narzissmus und emotionalem Fanatismus, ist die mauretanische Gesellschaft weit von globalen Standards entfernt. Große kulturelle Leistungen historischer Persönlichkeiten beschränken sich auf das Gebiet der Literatur des islamischen Rechts. Die Rolle des Landes geht nicht darüber hinaus, da unserer Geschichte, unserer Vergangenheit und unserer Gegenwart Persönlichkeiten fehlen, die der Welt und insbesondere der arabischen Welt bekannt sind. Sie können Mauretaniens Wissenschaftlerinnen und Wissenschaftler an einer Hand abzählen, aber selbst diese wenigen sind über die ganze Welt verstreut, weil sie in ihrer Heimat um ihr Leben fürchten müssen.

Anthropologische Studien zur mauretanischen Gesellschaft sind rar. Die einzige verfügbare Studie ist in französischer Sprache geschrieben und stammt aus der Kolonialzeit. Die mauretanische Gesellschaft ist zwar eine multiethnische, aber dennoch eine monotone Gesellschaft mit einem abgeschotteten Geist. Jede Person, die nicht zur sunnitischen Glaubensrichtung des Islam gehört, wird als Person ohne Rechte, ohne Würde angesehen, die das Recht auf Staatsbürgerschaft ebenso wenig verdient hat wie das Recht auf Leben.

Wir müssen uns der Realität stellen und akzeptieren, dass es keine perfekte Gesellschaft gibt, dass auch die Durchsetzung einer Einheitsreligion diese nicht herbeiführen würde. Perfektion ist nur eine utopische Lüge. Jede Gesellschaft hat ihre Lügen. Die Realität, in der wir leben, hat bewiesen, dass in einer abgeschotteten Gesellschaft die Propaganda der Machthaber lauter wird und die

Gesellschaft voller Verbrechen wie Kindesmissbrauch, Vergewaltigung, Kinderehe und vielem mehr ist.

Mauretanien ist berühmt für seine Mahadharah, die Religionsschulen, in denen der Koran und die religiösen Wissenschaften wie Rechtswissenschaft, die Interpretation der Hadithen und die arabische Sprache unterrichtet werden. Tabu, Unterdrückung und Sklaverei hängen mit dem Bildungssystem und dem Kastensystem in Mauretanien zusammen. Religionsschulen haben seit dem 17. Jahrhundert die Hierarchie und die Sklaverei in Mauretanien organisiert. Die juristischen Texte sind Quellen, die das bestätigen. Denn sie sind voll von Stellen, die sich damit befassen, wie die Sklaverei organisiert ist, und die das Verleihen, Verkaufen sowie die Freilassung regulieren. Das Rechtssystem besteht größtenteils aus religiösem Recht, das somit auch die wichtigste rechtliche Quelle bei der Organisation von Hierarchie darstellt. Es unterliegt dem religiösen Brauch, der auch Stammesgewohnheit ist. Die Institutionen, die die Gesellschaft regieren, schämen sich nicht für vergangene und gegenwärtige Repressionen, weil sie davon abhängen, dass die Hierarchie der Herren und Sklaven erhalten bleibt. Die Welt lebt im 21. Jahrhundert, aber wir in Mauretanien leben im Mittelalter. Staatliche Institutionen fürchten Entwicklungen, die den Schutz der Menschenrechte und die Gleichstellung der Bürger zum Ziel haben. Denn die Araber, die den Staatsapparat dominieren, sind eine Minderheit, und ihre Vorherrschaft wäre in Gefahr, wenn alle in Mauretanien gleichberechtigt wären.

Artikel 5 der Verfassung Mauretaniens besagt, der Islam sei die Religion des Staates und des Volkes. Dieser Artikel beschlagnahmt die Freiheit einer Person bereits vor deren Geburt. Denn wenn eine Person sich noch im Mutterleib befindet und bereits festgelegt ist, dass ihre

Religion der Islam sein wird, frage ich mich: Wo ist die Entscheidungsfreiheit? Sie wurde dem Menschen entzogen, noch bevor er geboren wurde, weil die mauretanische Verfassung ihn zwingt, muslimisch zu sein. Andernfalls werden ihm die Grundrechte nicht gewährt, von denen das grundlegendste der Anspruch auf eine Staatsbürgerschaft und persönliche Dokumente ist.

Freiheit bedeutet, die Menschen in beide Richtungen wählen zu lassen. Freiheit ist, Ja oder Nein zu sagen, zu akzeptieren oder abzulehnen, zu kritisieren oder nicht zu kritisieren. Es gibt keine Religion, die als Religion der Freiheit bezeichnet werden kann. Weil die Religionen nicht zulassen, dass man aus ihnen austritt, und nicht akzeptieren, dass ein Gläubiger mit einem Ungläubigen gleichgesetzt wird. Religionen zwingen ihre Anhänger, die Ungläubigen zu hassen. Wahre Freiheit wird durch Säkularismus garantiert. Jeder Mensch sollte das Recht haben, zwischen Glauben oder Unglauben zu wählen. Und jeder sollte gleiche staatsbürgerliche Rechte haben.

Bani Walid

Am Dienstagabend, den 15. Mai 1990, wurde ich in der Stadt Bani Walid im Nordwesten Libyens als Sohn eines mauretanischen Vaters und einer mauretanischen Mutter geboren. Ich habe eine Schwester, die zwei Jahre älter ist als ich. Bei uns zuhause war der Alltag geprägt von religiösen Lehren und den Ritualen unseres Stammes. Dem Stamm der Tajakanet werden Pionierleistungen auf dem Gebiet der Religion zugeschrieben, und er hat großen Einfluss in Mauretanien. Mein Vater gehört zu einer mächtigen Familie, weil unser Stamm bis jetzt die religiösen Scheiche stellt. Aber mein Vater war auch ein Oppositioneller: Seine Weigerung, seine Ansichten gewissermaßen einer Stammes- oder Regierungsvormundschaft zu unterstellen, brachte für ihn und uns Probleme, die zu unserer Auswanderung und der damit verbundenen Entfremdung von der Heimat führten. In einem Land, in dem Kritik die Verweigerung aller Rechte und Unterdrückung nach sich zieht, war er ein Gegner der Regierungspolitik.

Um mit den Mitgliedern meiner Familie und meinem Stamm auf einer Ebene kommunizieren zu können, habe ich die Koran- und Scharia-Lehren auswendig gelernt – ein Versuch, mein Leben als exakte Kopie der Lebensweisen meiner Cousins zu gestalten.

Meine Mutter war keine gebildete Frau. Sie ging nicht zur Schule und heiratete meinen Vater, als sie 16 Jahre alt war. Der Glaube war sehr wichtig für sie. Und sie, genau wie unser Stamm, erwartete von uns Kindern, dass wir ein religiöses Leben führen. Und doch hob sich meine Mutter ein bisschen von ihrem Umfeld ab und vermittelte uns viele Ideen und Werte des Friedens.

Die Stationen meines Lebens waren festgelegt und bereits durchnummeriert. Die Erwartung an mich war, dass ich Imam in einem der Zentren der Koranrezitation werden würde, danach würde ich heiraten und eine Familie gründen. Mein Leben war darauf ausgerichtet, und ich wollte ein religiöser Scheich werden. Also bereitete ich mich darauf vor, indem ich mein Leben so gestaltete, dass ich dieses Ziel erreichen konnte.

Meine beiden Eltern waren strenggläubig, genau wie meine Großeltern und der gesamte Tajakanet-Stamm. Meine Mutter und mein Vater stammen beide aus Tiganet, einem Vorort von La Gang in Ostmauretanien, wo alle in Zelten in der Wüste leben und Nomaden sind. In den Stadtteilen, in denen die Stämme das Sagen haben, ist der Zugang zum Fernsehen und zu vielen anderen Medien untersagt. Der Besuch von regulären Schulen ist für Jungen und Mädchen verboten. Alle sollen nur zur Koranschule gehen.

Dass ich überhaupt auf die Welt kam, war nur ein Zufall, denn meine Mutter hatte die Hoffnung auf Kinder schon verloren, weil die Ärzte ihr versichert hatten, dass eine Schwangerschaft nicht möglich sei. Also zog meine Mutter zwei meiner Cousins auf, die sie als ihre Kinder betrachtete. Eines Nachts erkrankte sie an schwerem Fieber, sodass sie ins Krankenhaus ging. Da sie auch über Zahnschmerzen klagte, führte der Arzt eine umfassende Untersuchung durch, um die Ursachen zu finden, und stellte dabei fest, dass sie schwanger war. So wurde meine Schwester Mai geboren. Später kam meine Schwester

Fayrouz zur Welt, die nach nur wenigen Monaten starb. Danach wurde ich geboren. Wir alle kamen zufällig auf die Welt.

Der Friedhof

Meine Mutter hatte die Gewohnheit, sehr früh morgens aufzustehen, um zu beten. Auch uns weckte sie dafür. Nach Sonnenaufgang machte sie uns dann ein Frühstück. Dafür holte sie frisches Brot aus der Bäckerei um die Ecke. Alles, was meine Mutter kochte, schmeckte einzigartig. Haferbrei mit Nüssen war eines meiner Lieblingsgerichte. Freitags gab es bei uns immer Couscous nach marokkanischer Art. Nachdem meine Mutter gestorben war, konnte ich diese Speisen nicht mehr essen. Sie erinnerten mich zu sehr an sie. Ich weiß noch, dass meine Mutter in jedem Haus, in dem wir lebten, ihren eigenen Sitzplatz hatte. Und jeder Platz hatte für sie eine Bedeutung. Sie hatte die Last, uns Kinder alleine großziehen zu müssen, weil mein Vater sehr beschäftigt war. Sie brachte uns bei, ein Leben als gute Muslime zu führen. Jeden Morgen weckte sie uns auf, damit wir das Fajfr beten. Auch ermutigte sie uns jedes Jahr, den Monat Ramadan über zu fasten. Wir waren zwei Kinder, meine Schwester und ich.

Unsere Lieblingsbeschäftigung war Al-Nujoom, ein Spiel, das meine Mutter erfand. Sie schrieb unsere Namen auf ein Stück Papier in Sternform. Und jeden Abend gingen wir um den Stern herum und waren gespannt, wer ihn heute bekommen würde. Erhalten hat ihn, wer sich den Tag über besser benommen hatte. Am Ende des Monats haben wir dann immer die Sterne gezählt und ermittelt, wer gewonnen hatte. Es gab keinen Preis, aber trotzdem hat uns das Spiel eine Menge bedeutet. Die Sterne gaben uns Sicherheit. Wir haben begierig darauf gewartet, sie zu bekommen, um dann den Moment des Triumphs zu genießen.

In der Nähe unseres Hauses stand eine Moschee, sie hieß Ali Ibn Abi Talib-Moschee und lag ungefähr einen Kilometer entfernt. Ich war sehr stolz, dort jeden Tag allein hingehen zu können. Ich hatte das starke Bedürfnis, meinem Vater zu gehorchen, so wie auch er seinem Vater gehorchte. Der Moschee gegenüber lag der größte Friedhof, den ich je in meinem Leben gesehen habe. Er war größer als unser Dorf. Fünfmal am Tag ging ich zu der Moschee, um zu beten. Ich folgte jedem Ruf zum Gebet. Immer auf dem Hin- und Rückweg musste ich am Friedhof vorbei. Als ich jung war, fühlte ich mich durch den Friedhof sehr bedroht. Besonders während der Abendstunden, wenn es schon dunkel war. Ich konnte nicht aufhören mir vorzustellen, wie die Wurzeln der Bäume an die Körper der Toten stießen.

Eines Tages, als der Muezzin zum Gebet rief, wusch ich mich, trug ein wenig Parfüm auf, zog mich an, wie es mein Vater früher getan hatte, und ging in die Moschee. Es war ein schöner Tag. Bevor ich ankam, viel mir auf, dass ungewöhnlich viele Autos vor der Moschee herumstanden. An der Eingangstür stand eine Gruppe von Männern. Als ich das Gebäude betrat, sah ich einen Leichnam, der in weißes Leinentuch gewickelt war. Er lag in einem offenen Sarg, und so etwas hatte ich nie zuvor gesehen. Bis auf das Gesicht war er vollständig in das Tuch eingewickelt. Ich konnte nicht aufhören, darauf zu starren und es kam mir vor, als ob der Mann jeden Moment wieder anfangen würde zu atmen. Als der Imam die Besucher zum Gebet rief, ging ich mit ihnen nach vorne. Doch trotzdem schaute ich von Zeit zu Zeit nach dem Leichnam. Nachdem wir Verse aus dem Koran rezitiert hatten, bat der Imam darum, den Leichnam herbei zu bringen, um über ihm zu beten. In Windeseile hoben acht Männer den ins Leichentuch eingewickelten Körper auf ihre Schultern. Und einer der Leute brüllte mit lauter Stimme: „Es gibt nur einen, nur einen Gott." Dann stimmten alle hinter ihm mit ein und sangen: „Es gibt nur einen, nur einen Gott." So schnell ich konnte, zog ich mir die Schuhe an und folgte der Menge in Richtung Friedhof. Weil ich so klein war, musste ich rennen, um schrittzuhalten.

Bis zu diesem Zeitpunkt war ich noch nie auf dem Friedhof gewesen, weil ich zu viel Angst hatte. Doch ich sagte mir, dass ich mir keine Sorgen machen müsste, solange ich mich bei der großen Gruppe von Männern aufhielt. Ich gab mir große Mühe, keinen Fuß auf ein Grab zu setzen, nachdem ein Mann rief: „Auf die Gräber trampeln ist verboten." Sehr vorsichtig folgte ich den anderen zu einem etwa zweieinhalb Meter tiefen Loch im Boden. Unten in der Grube stand ein Mann, und die Männer der Gruppe sagten mir vorher schon, sein Name sei Bilal. Später erfuhr ich, dass Bilal jeden Tag mehrere Menschen begräbt. Ich wunderte mich, dass er überhaupt keine Angst vor dem Tod hatte. Nachdem die Männer den Körper zu Bilal hinabgereicht hatten, gaben sie ihm eine Flasche Parfüm und wohlduftende Kräuter. Bilal öffnete die Flasche und goss sie über den Leichnam. Danach drehte er den Körper nach rechts Richtung Mekka und baute eine Wand aus Betonsteinen darum. Dann warfen vier Männer Erde in das Grab. In der Zwischenzeit fing der Imam an zu predigen und sagte etwas, das ich von meinem Vater nie gehört hatte. Er sagte: Die Seele dieses Mannes wird bald zu ihm zurückkehren und Engel werden vom Himmel herabkommen. Es sind Nakir und Nakir. Sie werden an ihm rütteln und ihn fragen: Wer ist dein Gott? Wenn die

Antwort falsch ist, werden sie ihn mit einem großen Hammer schlagen und ihn zurück auf die Erde schicken, damit er weitere siebzig Jahre dort lebt. Dann sagte der Imam: Oh lieber Gott, mögest du uns an jenem Tag die richtigen Antworten geben. Schockiert blickte ich auf das offene Grab. Der Körper war nun fast vollständig mit Erde bedeckt. Ich fragte mich, wie lange es wohl dauern würde, bis die Engel kommen, um ihn zu verhören. Der Imam fuhr fort: Wenn er falsch antwortet, wird der Staub zwischen seinen Rippen zerbersten und Würmer werden sich langsam durch sein Fleisch fressen. Zum Schluss wird er von einer neunundneunzigköpfigen Schlange gepeinigt. Das wird andauern, bis er wiederaufersteht oder bis Gott gnädig ist und ihm vergibt.

Ich konnte nicht glauben, dass das, was ich heute sah, jeden Tag in der Nähe unseres Hauses passieren würde, wenn jemand begraben wird. Die Beerdigungen stimmten mich depressiv. Und nach dem, was ich an diesem Tag gesehen und gehört hatte, verschlimmerte sich meine Angst. Ich nahm mir vor, die richtigen Antworten gut zu behalten, um am Tag meines Todes für die Prüfung gewappnet zu sein. Was den Imam betrifft, so schloss er seine Predigt mit der Aussage, dass die Prüfung für diesen Toten nicht beginnen wird, bevor die letzten Anwesenden den Ort verlassen haben. Ich ging nach Hause, doch konnte nicht ignorieren oder vergessen, was ich gehört hatte. Ich entschied mich, wieder zurück auf den Friedhof zu gehen, um den Geräuschen der Folter zu lauschen, von denen der Imam gesprochen hatte. Ich lief durch die Nachbarschaft, um einen meiner Freunde zu fragen, ob er mich zum Friedhof begleiten würde. Doch er wollte nicht mitkommen und dachte wohl, ich sei durchgedreht. Also musste ich alleine gehen. Auf dem Weg wurde ich von einer unkontrollierbaren Angst ergriffen. Einige Momente später stand ich mitten zwischen den Gräbern. Am liebsten wäre ich einfach weggerannt, doch meine Neugier war größer als meine Angst. Ich versuchte hinzuhören, vielleicht könnte ich jemandem eine Frage stellen oder würde jemanden schreien hören. Doch obwohl ich immer näher an das Grab herantrat, bis ich es mit meinem Ohr berührte, konnte ich nichts hören. Nach einer Stunde wurde mir langweilig und ich ging zurück nach Hause. Meine Mutter war in der Küche beschäftigt. Ich erzählte ihr, dass ich bei der Beerdigung gewesen war und der Imam von der Folter in den Gräbern geredet hatte. „Und dann?“, fragte meine Mutter. Ich sagte: „Dann ging ich zurück zu den Gräbern, nachdem alle anderen schon weg waren, um dort vielleicht Stimmen hören zu können, doch es passierte nichts.“ Meine Mutter sagte mir, dass die Folter in den Gräbern nur von Tieren und nicht von Menschen gehört werden könne. Für einen Neuneinhalbjährigen war das eine logische Erklärung, und ich glaubte ihr.

Erste Zweifel an göttlicher Gerechtigkeit

Während meiner Kindheit und Jugend in Libyen war ich eine sehr introvertierte Person. Mein Leben spielte sich zwischen der Religionslehre und unserem Zuhause ab. Nur selten durfte ich mit den anderen Kindern aus der Nachbarschaft auf der Straße spielen. Freunde hatte ich nur wenige. Es waren eigentlich nur drei: zwei Libyer und ein Mauretanier. Wir vier teilten die traditionelle Lebensweise, die unser Volk für uns vorgesehen hatte, und wir wurde in derselbe Religionslehre unterrichtet. Aber mein mauretanischer Freund war besessen von Videospielen und liebte Animationsfilme, und auch das hatten wir gemeinsam.

Mein Leben verlief zu dieser Zeit ganz gleichmäßig, bis meine Mutter einen Unfall auf der Treppe in unserem Haus hatte. Dabei brach sie sich mehrere Wirbel, was zum Verlust der Gehfähigkeit führte. Damit begann die die Zeit der Behandlungsreisen zwischen Libyen und Tunesien. Um sich behandeln zu lassen, musste sie immer nach Tunesien reisen. Nachdem sie mehrere Jahre zu unzähligen medizinischen Terminen hin- und hergependelt war, wurde meine Mutter in der Al-Manar-Klinik in Tunesien operiert. Aber die Operation war erfolglos und die Ärzte sagten uns, dass eine Genesung unmöglich geworden sei. So wünschte sich meine Mutter, in ihre Heimat zurückzukehren. Nachdem unser Stamm sich erfolgreich um eine

Vermittlung bemüht hatte, durften wir nach Mauretanien, ohne dass mein Vater verhaftet wurde.

Die Frage nach der göttlichen Gerechtigkeit war die Frage, von der aus mein Zweifel an Gottes Existenz seinen Ausgang nahm. Wenn Gott gerecht ist, warum sollte er dann eine herzensgute Person bestrafen, deren einzige Sünde darin bestand, ein Herz zu haben, das allen nur das Beste wünschte? Ihr ganzes Leben verbrachte meine Mutter damit, Gott anzubeten. Sollte sie jetzt dafür mit Krankheit und Schmerz bestraft werden?

Ich hatte diese Fragen, konnte sie jedoch zu diesem Zeitpunkt noch nicht stellen und litt an meinem gebrochenen Herz.

Das Dorf Kamour

Zwischen zwei Bergen liegt das Dorf Kamour. Kamour bedeutet „Datteln unter der Palme“. Das Dorf ist von Palmen umgeben und es gibt eine Quelle. Es scheint wie eine grüne Oase mitten in der Wüste. Es ist so schön, dass dich beim Anblick eine wohltuende Leichtigkeit überkommt. Oasen bringen die Wüste zum Leuchten so wie die Sterne den Himmel.

Ich glaube, Oasen sind Orte, an denen sich die Seele erholen kann. Jeder, der schon einmal mitten in der Wüste eine Oase besucht hat, wird wissen, welchen Wert sie haben und was für ein Wohlbefinden sie auslösen.

Langsam erreichte unser Geländewagen das Dorf. Am Eingang des Dorfes war das Erste, was wir sahen, eine Gruppe von vier Leuten auf Kamelen. Sie kamen aus der Wüste, umkreisten das Dorf und erschienen mir wie aus einer Sagenwelt. In der arabischen Welt nennt man Kamele die Schiffe der Wüste. Ein anderer junger Mann saß auf einem Esel. Er hob die Hand zum Gruß und lachte uns vergnügt zu. Das seltsame Gefühl, das ich hatte, als wir Kamour erreichten, ist mir bis heute in Erinnerung geblieben. Mächtig erhoben sich die Palmen und verdeckten manchmal sogar die Sonne. Die Gassen waren einfach gestaltet und frei von aller modernen Technik. Sie lösten tief in meiner Seele eine angenehme Behaglichkeit aus. Wir erreichten das Grundstück meiner Tante. Dort stand isoliert am Rand des Dorfes ein großes zweistöckiges Haus, ähnlich einem Vierseitenhof, mit drei kleineren Häusern im Innenhof. Bei den Menschen in der Wüste Mauretaniens gibt es eine Regel, die besagt, dass man im Haus Abstand halten muss, damit sich die Herzen nicht zu nah kommen.

In der Mitte des Dorfes waren die Häuser der Sklaven und der unteren Klassen. Dort wurden Gärten bewirtschaftet und es wurde Brot gebacken, um den Bedürfnissen der höheren Klassen nachzukommen. Schon früh am Morgen schallten die Stimmen der Frauen durch die Straßen, während sie das Getreide mahlten.

Das Einzige, was mich daran erinnerte, nicht in der Antike zu leben, waren die Solarzellen auf dem Dach eines kleinen Gebäudes. Man erkannte daran, dass dort eine einflussreiche Familie wohnen musste. Es macht mich traurig, es zu sagen, doch Solaranlagen sind ein Luxus, der Sklaven verwehrt bleibt. Sie leben in Häusern aus Lehm.

Ich blieb eine Woche in Kamour. Jeden Tag ging ich mit meinem Cousin und einer Gruppe junger Männer raus, um Hasen und Vögel zu jagen. Sie brachten mir bei, wie man Waffen benutzt. Beduinenstämme sehen Waffen als Teil ihrer Identität an. Jeder Stammesangehörige muss wissen, wie man mit einer Waffe umgeht. Doch ich war wegen meiner Sehschwäche ein schlechter Schütze.

Eines Tages saßen wir in einem Tal und grillten die geschossenen Hasen zum Mittagessen. Plötzlich spürte ich einen Schmerz und dachte erst, mir wäre Glut aufs Bein gefallen, doch es war ein Schlangenbiss. Mein Cousin reagierte sehr schnell und erschoss die Schlange mit seiner Pistole. Dann saugte er das Gift aus der Wunde. Um mir meine Angst zu nehmen, fing er an zu scherzen und sagte: „Die Schlangen aus Kamour wollen dir hallo sagen, weil du hier fremd bist.“ Er erzählte mir, dass er einmal unter einem Baum schlief und in seiner Kleidung eine Bewegung spürte. Es stellte sich heraus, dass eine kleine Schlange dort hineingekrochen war. Er zog die Schlange heraus, tötete und aß sie dann. Ich lachte über die Geschichte, doch gleichzeitig hatte ich noch mit den durch den Biss verursachten Schmerzen zu kämpfen. Eher würde ich verhungern, als eine Schlange zu essen, dachte ich mir. Wir stiegen in den Geländewagen und fuhren zur nächsten Stadt, in der es ein Krankenhaus gab. Sie lag etwa 35 Kilometer entfernt. Als wir ankamen, wurde mir ein Immunserum gespritzt. Trotzdem wäre ich fast ums Leben gekommen, weil das Gift der Wüstenschlangen sehr stark ist. Wegen dieses Zwischenfalls vermied ich einen weiteren Besuch in Kamour. Trotz der Schönheit der Wüste lauern dort tödliche Gefahren.

Guerou

Meine erste bewusste Begegnung mit dieser Stadt hatte ich mit vierzehn Jahren. Ich verbrachte ein paar Tage bei meinen Tanten. Viele Erinnerungen daran habe ich nicht mehr, doch eine Sache blieb mir im Gedächtnis. Ich weiß noch, wie wir mit ca. 20 Leuten im Kofferraum eines alten Peugeot 404 Camionette saßen. Als wir eine Wüstenstraße zwischen der Stadt und dem Dschungel kreuzten, hielt der Wagen an. Die Leute stiegen aus und beteten das Maghrib, das vierte Gebet des Tages. Danach fuhr das Auto an, blieb jedoch nach kurzer Fahrt schon wieder stehen. Die Passagiere mussten das Fahrzeug anschieben, um es wieder zum Laufen zu bringen. Um sicher zu gehen, dass der Motor nicht wieder ausging, hielt der Fahrer nicht sofort an. Es war nur eine kurze Strecke, die er den Wagen rollen ließ, doch die Menschen, darunter meine Tante und mein Onkel, fingen an zu schreien und zu weinen. Sie hatten Angst, zurückgelassen zu werden. Dieser Moment, der Anblick ihrer Angst, hat sich in mein Gedächtnis eingebrannt.

Es war Mai. Der Mai ist in Mauretanien ein sehr bedeutender Monat. Der Wind bläst den Leuten dann ins Gesicht, alles fängt an zu blühen und das Leben erwacht. Unbarmherzig scheint die Sonne den Leuten auf den Kopf. Die Temperaturen klettern im Osten Mauretaniens auf bis zu fünfzig Grad. Ich war an einem Tag auf dem Weg vom Stadtzentrum zurück in die Außenbezirke und sah Kinder Ball spielen. Eigentlich war es kein Ball, sondern eine Masse aus Kleidung und Plastiktüten, die zu einem Ball geformt waren. Sie fingen an, dahinter herzulaufen und damit zu spielen. In diesem Moment kamen mir die Worte eines Philosophen in den Sinn. Ein Mensch muss immer einen Weg finden, seine Wünsche zu erfüllen, egal wie wenig Mittel und Möglichkeiten ihm dafür zur Verfügung stehen.

Als ich nach Hause kam, fragte ich meinen Onkel: „Warum gewährt Gott den einen ewigen Ruhm und verdammt die anderen zu ewiger Qual?“ Ohne vorher etwas verbrochen zu haben, würden Leute aus der Gesellschaft ausgeschlossen. Wer nicht zu den großen Stämmen gehöre, verfüge über keine Rechte. Man müsse dafür büßen, nicht in die Zawiya hineingeboren worden zu sein. Als ich diese Fragen an meinen Onkel richtete, fing er an zu schreien und versuchte, mich mit wütender Stimme davon zu überzeugen, dass mein Verstand zu klein sei, um mit Gottes Weisheit mitzuhalten. Ich fragte mich insgeheim, ob es diese „Weisheit“ ist, die Menschen quält und ihnen das Leben zur Hölle macht.

Mein Onkel war unfähig, solche spontanen Fragen zu beantworten. Wenn sich ihm Zweifel stellten, richtete er sich damit im Gebet an Gott und wählte so den bequemen Weg der Ergebung. In Mauretanien wird uns beigebracht, dass sich im Zweifel und in Fragen der Teufel verbirgt. Für mich war diese Antwort auf all meine Fragen schon damals ungenügend.

Es war ein kurzer Besuch in Guerou. Doch ich habe viel erlebt, und mein Herz und mein Verstand waren erschöpft. Die Zeit bereitete mir die meisten Sorgen. Die Zeit gab mir keine Chance nachzudenken.

Zwei Tage später fletschte meine Familie die Zähne. Meine Tante fragte mich, ob es nicht an der Zeit wäre, den Ausschweifungen meiner Schwester, dem Makeup und ihrem Verhalten, das den Stamm beleidigen würde, ein Ende zu setzen. Das brachte mich dazu, noch vor Sonnenaufgang in die Hauptstadt Nouakchott zu fliehen, um ein Aufeinandertreffen mit meiner Familie zu vermeiden.

Jeder, der in Mauretanien die Regeln der arabischen Stämme, die unter dem islamischen Gesetz stehen, beleidigt, wird zum Tode verurteilt. Ironischerweise verschwinden diese Fälle. Wie kann das sein, wenn die Stammesältesten der Clans von der Religion vor allen Gefahren geschützt werden?

Al-Zawiya Stämme (Al-Zawiya: verwandt mit Zawiya, eine Art, den Koran zu unterrichten) segnen Leute mit Gebeten und Reimen. Jeder gesunde Mensch, der geistig voll bei sich ist, wird wissen, dass diese Bittgesuche niemals erhört werden. Schon seit unsere Vorfahren vor hunderten von Jahren aus dem Jemen hierher kamen, existieren diese längst überholten, irrationalen Bräuche. Glaube ist die Kette, die Menschen von der Selbstbestimmung zurückhält. Aus Angst vor Bestrafung im Jenseits weigern sich die Leute, sich davon frei zu machen. Wer im Namen Gottes handelt, kontrolliert, unterdrückt und versklavt Menschen im Dienst der Religion. Doch trotzdem sehen Gläubige auf die anderen herab und betrachten sich selbst als wichtiger.

Imam der Moschee

Meine Gedanken reiften nicht, bis ich anfing, meinen Lebensstil zu ändern. Zunächst gab ich den Religionsunterricht auf und wandte mich dem wissenschaftlichen Studium zu. Jede Entscheidung zog weitere Veränderungen in meinen Gedanken und in meinem Leben nach sich.

Während ich die islamische Philosophie studierte, insbesondere Mu'tazila, eine theologische Strömung, die stark auf rationaler Argumentation gründet, und Poetik, stellten sich mir viele Fragen, die mich richtiggehend verfolgten. Aber ich hatte solche Angst davor, sie auszusprechen, dass ich psychisch erschöpft war.

Also begann ich, nach einem Imam zu suchen, um ihm meine Fragen zu stellen. Nach einer langen Suche verwiesen mich meine Freunde an einen gemäßigten Imam. Sie sagten, ihm könnte ich ohne Furcht meine Fragen stellen. Ich machte mich auf den Weg zur Moschee. Als ich das Gebäude betrat, fiel mein Blick zuerst auf die Kuppel. Das Glas war mit Kalligraphien arabischer Verse aus dem Koran verziert. Normalerweise gibt es in Mauretanien solche Schriftzüge nicht, doch diese Moschee war im modernen orientalischen Stil wiedererrichtet worden.

Der Imam kam in die Moschee. Er war ein mittelgroßer, dreißigjähriger Mann, trug einen schwarzen Bart und hatte einen weißen Schleier um seine Schultern gelegt. „Friede sei mit euch und die Gnade des Allmächtigen“, sagte er mit lauter Stimme und setzte sich in die erste Reihe. Danach betrat der Muezzin mit fröhlichem Gesicht den Raum. Für einen Moment hielten alle inne. Dann begann der Imam Gleichnisse aus dem Koran vorzulesen. Seine heisere Stimme verlieh der Predigt einen andächtigen Charakter. Nach zehn Minuten war das Gebet zu Ende. Dann fing der Imam an, Fürbitten über die Lautsprecher vorzutragen. Alle bekräftigten seine Bitten mit einem gemeinsamen *Amen*. Zum Ende der Messe stand er mit ausgestrecktem Arm vor den Leuten und schüttelte ihnen die Hand. Als er damit fertig war, setzte er sich in eine Ecke. Ich wartete, bis fast alle die Moschee verlassen hatten. Danach ging ich auf ihn zu und bat darum, ihm eine Frage stellen zu dürfen.

Er sagte mir freundlich, ich solle ihn fragen, was immer ich wolle. Also fing ich an: „Warum hat der Himmel Pforten? Vereinen oder trennen uns die Religionen? Religionen sagen, dass sie uns vereinen. Wie ist das? Jede Religion verankert in ihren Anhängern die Idee, Menschen in Gläubige und Ungläubige aufzuteilen. Sie müssen die Gläubigen lieben und die Ungläubigen hassen – ist das nicht Diskriminierung? Sind es nicht die Religionen, die sagen, dass Gläubiger besser sind als Ungläubige? Ist das nicht wie ein Klassenunterschied?“

Am Anfang lächelte er. Doch während ich ihm meine Fragen stellte, verfinsterte sich sein Blick. Seine Augen schienen vor Zorn zu glühen.

Er unterbrach mich und sagte: „Geh, mein Sohn, bete zwei Rak‘ahs, bitte Allah um Vergebung und tue Buße.“ Seine Reaktion erschütterte mich, ich konnte es nicht fassen. Diese unlogische Antwort hatte aus meiner Sicht zwei Ursachen: zum einen die irrationale Einstellung, Dinge einfach anzunehmen; zum anderen die Angst, Fragen zu stellen und Dinge in Frage zu stellen. Am Ende sind beide Themen sehr gefährlich. Ist die Frage eine Sünde, von der ich mich abwenden muss? Mir war klar, dass ich dem Imam Folge zu leisten hatte. Alles andere hätte mich in Gefahr gebracht.

Ich lebte mit schrecklichen Zweifeln und verriet doch niemandem, was ich dachte. Am Anfang war es mein Ziel, den Islam nicht zu verlassen. Ich verfolgte philosophische Fragen, suchte richtiggehend nach ihnen, um Antworten auf *meine* Fragen zu finden, da mich die überkommenen Antworten nicht mehr überzeugten. Eine Mentalität des Fragenstellens ist sehr weit von dem entfernt, was ich in meinem ganzen Leben gelernt und praktiziert habe und unterscheidet sich von den Grundlagen, auf denen unsere Gesellschaft basiert.

Die Nacht nach meinem Besuch bei dem Imam war eine schlaflose Nacht. Meine Neugier war größer als die Angst, und selbst am nächsten Morgen ging mir alles noch durch den Kopf. Besonders der Moment, in dem er mich beschimpfte und sagte: „Stelle dir solche Fragen nicht noch einmal, der gerechte Muslim fragt und zweifelt nicht!“

Ich begann im Internet zu recherchieren, weil es die einzige Quelle war, die mir Antworten auf meine Fragen bieten konnte. Es war der einzige Weg, um neutrale Informationen zu finden. Im Gegensatz dazu sind die Auswahl der Bücher, die in Mauretanien erhältlich sind, eingeschränkt. Viele Bücher sind verboten, und das gilt auch für Bücher von muslimischen Schriftstellern. Ich begann nach der rationalen Bewegung in der islamischen Geschichte, der Mu‘tazila, zu suchen. Mir gefiel dieser Ansatz, aber ich konnte mit niemandem darüber reden, weil es mich in meiner Familie und in der Gesellschaft zu einem Ketzer gemacht hätte.

Eine besondere Beziehung hatte ich zu den Schriften von Richard Dawkins. Dass ich Texte von ihm las, war mein Geheimnis, das ich lange Zeit niemandem erzählen konnte. Das Buch *Der Gotteswahn* war die Kerze, die meinen Geist erleuchtete. Jedes Mal, wenn ich ihn las, entdeckte ich, wie er religiöse Ideen und Überzeugungen auf diese neugierige Weise zerlegte. Die meisten Beispiele, die er zitierte, ähnelten meinem Leiden. Jeder, der Richard Dawkins liest, wird sich sanft in seine Ausdrucksweise, Worte und Gedanken verlieben. Diese Logik und Rationalität strömten wie Licht aus einer alten Öllampe in einer verlassenen Stadt. Richard Dawkins glaubte an sich selbst, bevor er für die Welt wahr wurde.

In seinem Buch *Der Gotteswahn* konfrontiert er Gläubige mit harten Wahrheiten. Seine Erklärungen wecken bei der Leserschaft Zweifel an allem, woran sie geglaubt hat. Seine Worte erfüllen ihr Herz mit Schrecken und lassen ihren Geist zweifeln. Wenn der Leser ein gläubiger Mensch ist, wird Dawkins ihm eine andere Sichtweise aufzeigen. Ich war beeindruckt, mit welcher Aufrichtigkeit er über Religion redete. Einer solchen Aufrichtigkeit war ich in meinem Leben vorher noch nie begegnet. Als ich das Buch zum ersten Mal las, war ich von Angst, Furcht und Erschütterung ergriffen. Doch seine Bücher gaben mir positive Energie, um durchs Leben zu gehen, und befreiten mich aus meinem Gefängnis in der Gesellschaft. Wie aus einem engen, dunklen, kalten Raum voller Bedrohung, Angst und Hass öffnete sich eine riesige Welt, die warm genug war, um mich vergessen zu lassen, wer ich bin, wo ich wohne und wer um mich herum ist. In der Gemeinschaft, zu der ich gehörte, gibt es Schönheit, Liebe, Musik und Kunst in all ihren Formen nicht. Aberglaube und Religion beherrschen alles.

Meinem Umfeld gefiel meine beginnende Emanzipation überhaupt nicht. Währenddessen waren meine Gedanken sehr weit weg, und ich fragte mich: Wenn wir in Mauretanien Freiheit hätten, würden sich die Leute eines Tages in sie verlieben, anstatt sie zu hassen und sie zu verbieten? Wären sie bereit dafür? Ich lebte in einer einsamen Welt, die mich von allem außerhalb des kalten Raums trennte. Seit ich Richard Dawkins entdeckt hatte, habe ich mich in keinem Moment mehr wie ein Gefangener gefühlt, selbst als ich es war. Immer, wenn ein Mitglied meiner Familie ins Haus kam, wurden die Türen verriegelt. Denn ich konnte das E-Book von *Der Gotteswahn* auf meinem Handy nur lesen, wenn ich alleine im Raum war. Die Türen wurden nur zum Essen, Trinken, Lesen des Korans und zum Anhören religiöser Vorträge geöffnet.

Die Frage nach Identität

Eines Tages saß ich mit einer Gruppe von Freunden zusammen. Ein Bekannter hatte uns zum Mittagessen eingeladen und nach dem Essen tauschten wir Gedanken aus. Einer von ihnen fragte mich: „Was möchtest du später werden?“ Ich sagte: „Ich weiß nicht, aber ich denke, ein Menschenrechtsaktivist.“ Er fragte: „Wird der Weg, den du gerade einschlägst, zu diesem Ziel führen?“

Für einen Moment war mein Denken gelähmt und ich konnte keine Antwort auf seine Frage finden.

Er lachte und sagte: „Nein, er wird es nicht.“

Und jeder von uns ging seiner Wege.

Ich sah ihn nicht wieder, doch seine Frage verharrte in meiner Erinnerung, also stellte ich mir diese Frage selbst. Ich erkannte, dass das, was ich gelernt hatte, nichts mit dem zu tun hatte, was ich anstrebte, aber das konnte ich nicht offen aussprechen. Ich konnte meiner Familie nicht sagen, dass ich das Theologiestudium aufgeben und mich für andere Fächer einschreiben würde. Denn eine reguläre Bildung zu erhalten, hieß, eine rote Linie überschreiten. Es war verboten, darüber auch nur zu sprechen, weil dort die Curricula der Ungläubigen gelehrt wurden. Ich redete mit meiner Schwester darüber und erklärte ihr, was ich vorhatte. Sie stimmte mir zu und sagte, dass sie mich unterstützen würde.

Während dieser Zeit lebten wir bei einem unserer Verwandten in Nouakchott. Er war es gewohnt, anderen seinen Willen mit Gewalt aufzuzwingen, und als ich ihm von meiner Entscheidung erzählte, wurde er wütend. Er sagte, er würde die Familie dazu bringen, mich aufzuhalten, und ich solle einsehen, dass sie meinen Schritt nicht zulassen würden. Meine Entscheidung verursachte tatsächlich ein großes Problem mit meiner Familie und Mitgliedern unseres Stammes, die reguläre Bildung als Ausschweifung, Unmoral, eine verbotene Handlung betrachten. Alle Mitglieder des Stammes müssen zum Religionsunterricht gehen und den Koran auswendig lernen, und alle glauben, dass alle Menschen Muslime sein müssen, um in den Himmel zu gelangen. Mitglieder des Stammes dürfen unter dem Vorwand, dass das die Moral und den Intellekt korrumpieren würde, keine weltliche Bildungseinrichtung besuchen. Diese Art der intensiven religiösen Indoktrination der Kinder soll ihren Geist kontrollieren. Das führt zu Isolation und Entfremdung von der Außenwelt. Die Zawaya-Gemeinschaft ist ein abgetrennter und isolierter kleiner Teil innerhalb der vielschichtigen mauretanischen Gesellschaft sowie der verschiedenen Ethnien.

Zur Universität zu gehen, war eine echte Herausforderung für mich. Mit meiner Familie geriet ich darüber in Streit, sie lehnte mein Vorhaben ab und wollte mich auch finanziell nicht unterstützen. Ich wusste, dass ich von nun an allein war. Ich musste auf mich selbst zählen. Dass ich das Studium des islamischen Rechts an einer religiösen Schule aufgegeben hatte, verstieß gegen die Stammesgesetze in meiner Kultur. Mein neues Studium würde für die Familie und den Stamm eine Sünde und eine Schande darstellen. So war meine Schwester die einzige Person, die mich finanziell und moralisch unterstützte. Es gibt nur wenige, die in einer Familie mit so überwältigender Religiosität aufgewachsen sind und sich dennoch dagegen aufgelehnt haben. Sie bewegen sich von einem Extrem zum anderen, oder mit anderen Worten: vom rechten zum linken Ufer, und durchbrechen eine Barriere: die Angst vor der religiösen Autorität, die ihnen seit ihrer Kindheit auferlegt wurde.

Die Bibliothek

Im Zentrum der Hauptstadt Nouakchott gibt es ein paar Büchereien. Es sind nicht mehr als zehn und das entspricht auch dem Konzept Mauretaniens. Man hat kein besonderes Interesse an Bibliotheken.

An einem Tag betrat ich um halb zwölf Uhr morgens eine dieser wenigen Bibliotheken. Ihr Name war *Tür des Wissens*. Dort saß ein etwa vierzig Jahre alter Mann in einem mit Gold verzierten Daraa (das typische Gewand Mauretaniens). Darunter trug er ein kurzärmliges blaues T-Shirt. Er legte das Buch, in dem er gerade gelesen hatte, auf den Tisch. Das tat er so sanft wie ein Kunsthändler, der seine Bilder umstellt. „Hallo, kann ich helfen?“, fragte er mich. „Ich würde gerne etwas über Mu‘tazila lesen“, sagte ich. Darauf antwortete er: „Möge Gott dich begleiten. Du bist noch zu jung, um diese Art von Büchern zu lesen. Ich befürchte, dass dein Glaube unter dem Inhalt und den Gedanken leiden wird. Ich gebe dir diesen Rat, weil du wie mein Sohn bist. Außerdem gibt es nicht viele Bücher dieser Art, weil die Regierung sie konfisziert und die Bibliotheken schließt, die sie führen.“

Er sagte mir, dass die Bibliothek voll von Büchern über Islamisches Recht, Fremdsprachen, Glaubenslehre und Biographien des Propheten sei. Die Leute hier würden sich für Religion und religiöse Bücher interessieren. Doch ich würde nach Büchern suchen, die den Glauben in Frage stellen und zerstören würden, fuhr er fort. Ich solle Gott fürchten, sagte er zum Schluss mit erhobenem Zeigefinger. Ich lächelte und sagte ihm, dass ich bloß neugierig sei, weil ich eine Menge darüber gehört hätte.

Dann lief ich langsam aus der Bibliothek heraus. Ein junger Mann, der die Bücher sortierte, folgte mir. Er sagte mir, dass er das Gespräch zwischen mir und dem Inhaber gehört habe. „Ich habe ein Exemplar von Mu'tazila und kann es dir ausleihen", sagte er zu mir. Dann erzählte er mir noch, er heiße Mohammed Khaled, studiere Jura an der Universität und lebe in einem kleinen Zimmer im Dachgeschoss des Gebäudes. Wir gingen in sein Zimmer und er gab mir das Buch. Danach kamen wir miteinander ins Gespräch. Er hatte eine angenehme Art. All die Romane und anderen Bücher, die er gelesen hatte, hatten ihn sehr geprägt. Er gab allen Leuten Spitznamen von Figuren aus Büchern, die er mal gelesen hat. Durch seine seltsame Art wurden wir schnell Freunde.

Sklaverei

Wenn man durch die Straßen, über die Märkte und in die Geschäfte der Hauptstadt Nouakchott geht, sieht man, wie die Diskriminierung und Ausbeutung der unteren Gesellschaftsschicht ohne Scham praktiziert wird. Einmal traf ich einen Mann namens Issa, der aus der Al-Hartani-Schicht (Ex-Sklaven) stammte und in einem Geschäft in der Nähe des Hauses meines Cousins arbeitete. Er war ein sehr respektabler Mensch, der Lebensmittel verkaufte und mit seiner Familie in dem Laden lebte. Wann immer ich zu ihm ging, um etwas zu kaufen, saß ich lange da, redete mit seinem Sohn und spielte mit seiner grauen Katze. Einmal sagte er zu mir: „Du bist gebildet und kommst aus einem mächtigen Stamm. Warum gibst du dich mit meiner Familie ab und bist uns gegenüber so respektvoll?“

Ich war darüber überrascht und antwortete: „Muss ich Menschen verachten, nur weil ich einem wichtigen Stamm angehöre, der großen Einfluss hat?“

Die Leute in der Gegend behandelten mich immer mit Respekt, aber ich sah die Verachtung in ihren Augen. Sie wurden wütend, wenn sie jemanden sahen, der sich um die Al-Hartani scherte, als wäre das eine Beleidigung oder eine Schande.

Issa sagte mir mit brennender Empfindung und leuchtenden Augen: „Ich mag ein Haratani sein, aber ich bin immer noch ein Mensch, der es verdient, respektiert und geschätzt zu werden. Vielleicht ist die Situation für dich nicht selbstverständlich, weil du nicht hier geboren wurdest und lange nicht hier gelebt hast. Nur deshalb bemerkst du ihr arrogantes Verhalten uns gegenüber."

Ich denke heute immer noch an seine Worte, weil die Realität beweist, dass jedes Wort, das er sagte, wahr ist. Es herrscht ein Zustand, in dem Stämme immer noch Menschen versklaven und ihnen nicht nur die bürgerlichen Rechte, sondern die grundlegendsten Elemente menschlichen Lebens vorenthalten. Es gibt kleine Dörfer, deren Bewohner alle Sklaven sind. Eines heißt Adwaba, was der Plural des Wortes Adabai ist. Alles ist nach dem Stamm oder nach der Familie, der das Dorf gehört, benannt. Ich erinnere mich daran, wie meine Mutter erzählte, dass sie und ihre Schwester vor vielen Jahren Sklaven geerbt hätten, und sie sich für deren Freilassung entschieden habe. Und dass mein Stamm immer noch Sklaven besäße. Zu dieser Zeit konnte ich es noch nicht verstehen. Aber als ich heranwuchs und wir nach Mauretanien zogen, wusste ich, was meine Mutter für diese Menschen getan hatte. Ich verstand, dass sie einer anderen Person auf diese Weise das Leben schenken konnte.

Obwohl die Sklaverei 1981 *de jure* abgeschafft wurde, gibt es keine Hinweise darauf, dass das auch *de facto* der Fall ist. Die mit der Sklaverei verbundenen Menschenrechtsverletzungen dauern bis jetzt an, während ich diese Zeilen schreibe. Obwohl die Regierung die Existenz von Sklaverei leugnet, genießen selbst diejenigen, die der Sklaverei entkommen sind, keinerlei rechtlichen Schutz. Jeder, der als Sklave gilt, wird diskriminiert. Kein Beamter ist bereit, Maßnahmen zu ergreifen, um diese Situation zu ändern und dieses Gesellschaftssystem, das auf der hierarchischen Einteilung von Menschen basiert, abzuschaffen. Denn die Stämme sind stärker als staatliche Institutionen. Mit alledem ist es der mauretanischen Regierung gelungen, eine eiserne Kuppel zu bauen, um das Land abzudecken und von der Außenwelt zu isolieren, weshalb Menschenrechtsverletzungen keine internationale Aufmerksamkeit erregen. Die Abschaffung der Sklaverei in anderen Ländern war das Ergebnis einer Reifung des Bewusstseins und der Anerkennung ihrer Existenz als Problem. Solange die mauretanische Gesellschaft diese Praktiken noch schützt, ist das ein Beweis dafür, dass sie sich auch nicht anders verhält, als es in der vorislamischen Ära war, und sich von der Realität abwendet.

Wir in Mauretanien sind ein Volk, das äußerst sensibel darauf reagiert, wenn die Geschichte der Sklaverei und der ethnischen Konflikte angesprochen wird. Egal ob in der Vergangenheit oder in der Gegenwart. Es ist uns verboten, die Regierung dafür zur Rechenschaft zu ziehen oder zu kritisieren. Verleugnung ist die Methode, die die Regierung anwendet. Aber Verleugnung wird die Realität der Sklaverei nicht ändern, die unter den Stämmen, die in Mauretanien politischen und religiösen Einfluss haben, immer noch weit verbreitet ist. Der Stamm Tajakanet, zu dem meine Familie gehört, besitzt immer noch Hunderte von Sklaven.

Al Nifara

Al Nifara ist ein mauretanisches Musikinstrument, das einer Flöte ähnelt und von den Nachkommen der Sklaven auf Hochzeiten und zu anderen besonderen Anlässen gespielt wird. Die Klänge einer Al Nifara anzuhören, war meine Zuflucht, es war wie der Himmel an einem Ort, an dem Musik verboten ist. Ich habe heimlich an Treffen teilgenommen, bei denen Menschen zu den Rhythmen einer Al Nifara tanzten. Meine Familie ermahnte mich deshalb und sagte mir, ich dürfe bei so etwas von niemandem gesehen werden. Kinder der großen Familien gehen nicht zu solchen Veranstaltungen, weil sich dort die Leute aus den unteren Gesellschaftsschichten versammeln. Doch ich denke, man sollte vergessen, aus welcher Familie man kommt. Ich bin ein paar Mal dort gewesen und es hat mich sehr glücklich gemacht. Die Leute sind freundlich und ihre Unwissenheit ist für mich kein Grund, nicht dorthin zu gehen. Denn der Grund für ihren Mangel an Bildung sind wir. In die Schule zu gehen, ist für die Nachkommen von Sklaven nicht erlaubt.

Al Nifara ist immer noch mein Paradies. Dort verkroch ich mich lange Zeit vor allen, wenn sich Trübheit in meine Seele einschlich. Ich ließ mir die Musik nicht vermiesen, lauschte den Rhythmen und spürte, wie sie auf mich prallten. Es war, als ob der Haratin, der sie spielte, sich mit der Freiheit unterhielt, als ob er den Kummer spielte und sagte, dass die Unterdrückten nichts als Schmerz empfinden würden. Ich denke, dass man das Zitat von Victor Hugo: „Die Musik drückt das aus, was nicht gesagt werden kann und worüber zu schweigen unmöglich ist“ in Gold stanzen sollte. Es müsste in allen Ländern der Welt in den Lehrplan gehören. Denn es gibt immer noch Länder wie Mauretanien, die von Dunkelheit überzogen sind und in denen es keine Musik und keine Form von Kunst gibt. Mir ist es egal, dass man mir vorwirft, Musik zu hören, sei Blasphemie, denn es brachte mir meine Menschlichkeit zurück, und ich lernte mich durch Musik besser kennen.

Ägypten

Im Jahr 2011 schloss ich die Oberstufe ab und einige Monate später erhielt ich ein Stipendium der Universität Kairo. Doch die Sache war nicht so einfach, da ich eine große Geldsumme brauchte, um zu studieren. Meine Schwester verkaufte ein Stück Land, das sie besaß. Denn meine Familie hatte mich wissen lassen, dass sie mich nicht unterstützen würde. Für mich brachte das nicht nur finanzielle Schwierigkeiten, ich musste mich auch emotional auf die völlig neue Situation einstellen, aber schließlich kam ich in Kairo an. Das war der Wendepunkt und der Beginn einer tatsächlichen Veränderung in meinem Denken, meinen Entscheidungen und meiner Lebenseinstellung. Die Atmosphäre großer Freiheit in Ägypten im Vergleich zu Mauretanien war ein Unterschied von Jahren. Außerdem gab mir die Universität die Möglichkeit, Freunde aus verschiedenen intellektuellen Richtungen zu finden. So begannen sich meine Ideen zu kristallisieren.

Der erste Kulturschock in Kairo deckte für mich die Missstände in Mauretanien auf. Ich musste feststellen, wie unfähig ich war, mein Leben zu bewältigen und mich selbst zu verstehen, es war einfach zu viel, was neu war. Mit den anderen konnte ich deshalb nicht mithalten. Ich sah die Minarette und hörte die Kirchenglocken und war davon überrascht. Denn ich habe zu Hause beigebracht bekommen, jeden Nicht-Moslem zu verachten. Der christliche Busfahrer, der mich jeden Morgen zur Universität brachte, begrüßte mich mit dem kleinen Kreuz, das an seinem Rückspiegel hing. Niemand machte ihm deshalb Probleme. Im Bus lief immer ein Mix aus alten Liedern. In der Cafeteria erzählte mir Hajra, dass zu der Grundbildung in Ägypten ein Fach gehört, das vom Bildungsministerium Religiöse Erziehung genannt wird. Dort lernen die Schüler etwas über alle Religionen.

An der Universitätsmauer stand immer Abu Ahmed, er war um die vierzig und verkaufte Bücher. Er war Ägypter nubischer Abstammung und kam aus dem Bezirk Assuan an der Grenze zum Sudan. Seine Familie wanderte vor dem Bau des Staudamms und der Vertreibung der Nubier von dort aus. Jedes Mal sagte er mir, dass wir uns eines Tages in Moskau treffen würden. Er wusste, dass ich russische Schriftsteller wie beispielsweise Anton Tschechow von ganzem Herzen mag.

Das Nebeneinander von Muslimen und Christen bewirkte bei mir einen weiterer Kulturschock, der meiner schlechten Angewohnheit geschuldet war, die Existenz der anderen nicht zu respektieren. Ich hatte gelernt, sie zu hassen, anstatt sie zu respektieren und zu lieben. Es verhielt mich entsprechend den Gesetzen der islamischen Scharia, die dem mauretanischen Volk die Eindimensionalität der Religion aufzwingt. Diskriminierung aufgrund des Glaubens ist in Mauretanien eine gesetzlich vorgeschriebene Handlung.

Ferien in der Heimat

In den Semesterferien reiste ich noch einmal nach Mauretanien zurück. Ich verbrachte einen Teil der Zeit in Kiffa, das im Osten ca. 700 km von der Hauptstadt Nouakchott entfernt liegt. An einem Tag verließ ich nach dem Mittagsgebet zusammen mit meinem Onkel um 14:30 Uhr die Moschee. Wir liefen und unterhielten uns dabei. Er fragte mich nach dem vergangenen Semester in Ägypten. Ich sagte ihm, dass das, was ich in Ägypten gelernt habe, sich von dem, was ich bisher gelernt hatte, nicht großartig unterscheiden würde. Plötzlich blieb er mitten auf der Straße stehen und sagte: „Bildung ist nur dann das Tor zur Wahrheit, wenn du das Islamische Recht studierst. Von einer anderen Bildung außerhalb Mauretaniens distanzieren wir uns. Denn wer in die großen Städte reist, bringt oft fremdes Gedankengut mit sich. Das führt im Endeffekt dazu, dass die Überzeugungen, Vorstellungen, Bräuche, Gewohnheiten und die Kultur unserer Stämme vergessen werden."

Am Abend fiel in Kiffa starker Regen. Nachdem es aufgehört hatte, durchbrach das Quaken der Frösche die Stille der Nacht. Und auch die Menschen in den Dörfern erzählen sich Geschichten über den Mond. Am nächsten Morgen bei Sonnenaufgang begleitete ich Bilal, der die Kühe melkt. Weil ich die kleinen Kälber so mochte, ging ich gerne mit ihm. Meine Aufgabe war es, die Kälber aus dem Stall zu holen und nach dem Melken der

Kühe wieder zurückzubringen. Das war gar nicht so einfach. Manchmal waren die Tiere zu stark, und ich konnte sie nicht in die Richtung lenken, die sie nehmen sollten. Nachdem Bilal mit dem Melken fertig war, brachte ich die Milch ins Haus, und Bilal führte die Herde auf die Weide. Bilal verbringt den ganzen Tag bei der Herde; am Abend fährt er dann zehn Kilometer nach Hause. Als Bilal eines Abends zurück kam, fragte ich ihn aus Spaß, warum er den ganzen Tag den Kühen hinterherlaufen würde. Darauf antwortete er mir, dass es ihm das Wichtigste gebe, was er besitze. Als ich ihn fragte, was es sei, sagte er mir, es sei die Einsamkeit. Er erzählte mir, dass die Einsamkeit ihm Freiheit gebe. Niemand würde ihm auf der Weide sagen, was er zu tun habe. Für unterdrückte Menschen wie ihn sei dieses Leben der Himmel auf Erden. Zum Schluss fragte er mich, was das Härteste sei, das einem im Leben widerfahren könne. Mir fiel auf die Schnelle nichts ein und er sagte: „Das Härteste im Leben ist, einen Rückschlag zu verarbeiten, denn man muss lächeln, selbst wenn man niedergeschlagen ist."

Es war halb sieben Uhr morgens und Zeit zur Abreise. Ich trug eine mittelgroße Reisetasche und einen Rucksack. Unter Tränen zu beten, gehört zu den Ritualen, zu denen mich alle Mitglieder des Stammes und besonders meine nahen Verwandten vor einer Reise immer drängen. Meine Tante, sie möge in Frieden ruhen, verabschiedete sich von mir und zog nervös an meiner Hand. Sie flüsterte mir ins Ohr: „Du siehst deiner Mutter sehr ähnlich." Dann umarmte sie mich mit Tränen auf ihrer Wange und sagte: „Ich überlasse dich jetzt dem lieben Gott."

Das wahrscheinlich Schönste am Abschiednehmen ist, dass es frei von Worten ist. Denn die Sprache bietet nur einen sehr begrenzten Umfang an Bedeutungen. Umarmungen und Gesten lassen im Gegensatz dazu Raum für tausende von Interpretationen. Es hängt von der Vorstellungskraft des Gegenübers ab.

Das Auto setzte sich in Bewegung, und nach ein paar Augenblicken zogen die Häuser und Bäume an mir vorbei. Nachdem ich stundenlang auf meinem Sitz gefangen war, schlug einer der Fahrgäste vor, dass das Fahrzeug zum Gebet anhalten könnte. Alle stimmten diesem Vorschlag zu. Ich hatte kein Recht auf Einspruch. Später stellte sich heraus, dass der Mann, der den Vorschlag gemacht hatte, ein religiöser Scheich war. Von da an war er der Führer der Gruppe und ihm konnte nicht mehr widersprochen werden. Nach neun Stunden erreichten wir den letzten Kontrollpunkt vor der Hauptstadt Nouakchott. Er liegt circa 25 Kilometer vom Stadtzentrum entfernt. Die Polizeibeamten durchsuchten das Gepäck und fingen an Fragen zu stellen. Einige davon erfüllten einen Zweck, andere dienten eher dazu, die Zeit vergehen zu lassen. Nach ein paar Minuten war ich an der Reihe und sie fingen an mich zu befragen.

„Wie heißen Sie?"

„Mein Name ist Yahya."

„Aus welcher Stadt sind sie angereist?"

„Ich komme aus Kiffa."

„Welchem Stamm gehören Sie an?"

Der Beamte fing nach der Befragung an zu lächeln, strich sich durch den Bart, atmete tief durch und wies mich an, zurück ins Fahrzeug zu steigen. Der Name unseres Stammes bestimmt unseren Wert und unsere Stärke. Sich in Mauretanien mit einem einflussreichen Stamm anzulegen, bedeutet Selbstmord. Der Einfluss eines Stammes kann sich auch gegen die eigenen Mitglieder richten Wer aufbegehrt oder versucht, sich der Kontrolle zu entziehen, muss mit Unterdrückung rechnen.

Als ich zu Hause ankam, nahm ich eine kalte Dusche und legte mich kurz schlafen, bis mich der Geruch von Fisch aufweckte, der durch das ganze Haus drang. Ich ging in die Küche. Dort stand ein Teller Reis verziert mit buntem Gemüse und einem Fisch in der Mitte. Ich bekam einen unglaublichen Appetit.

In der mauretanischen Kultur hat Tee einen großen Stellenwert. In jedem mauretanischen Haushalt, egal ob reich oder arm, findet man Teetassen verziert mit grünen Minzblättern. Ein Schriftsteller, dessen Namen ich vergessen habe, sagte einmal Tee sei der Wein der Wüste.

In der nächsten Nacht konnte ich nicht schlafen, darum lief ich alleine durch die dunklen Straßen Nouakchotts. Es war Nacht, die Zeit zwischen dem Sonnenuntergangs- und dem Sonnenaufgangsgebet, gegen fünf Uhr morgens. Viele Al-Hartani waren bereits mit ihrem Werkzeug unterwegs und suchten nach Arbeit.

Ich traf auf Mahfouz, einen vierzigjährigen Mann mit leuchtenden grauen Haaren. Er besaß einen kleinen Ton-Ofen und backte darin Brot. Wir kamen ins Gespräch und ich erkundigte mich nach seiner Familie. Ob sie in Nouakchott leben würde, fragte ich ihn. Er antwortete mir voller Sehnsucht, dass sie bei seinem Vater seien und er sie nur alle fünf Monate sehen könne.

Dann schob er ein Brot in den Ofen und sagte mir etwas, das mich innerlich zum Weinen brachte: „Seine Gedanken auszudrücken, ist eine der schwersten Aufgaben, die wir, die schweigend großgezogen wurden, zu bewältigen haben.“ Danach legte er fünf Brote auf ein Blatt Papier, rollte es zusammen und überreichte es mir lächelnd. Schweren Schrittes ging ich zurück nach Hause. Dabei klangen Mahfouzs Worte in meinem Kopf nach.

Wenn ich in den Straßen und Cafés, die ich mag, jemanden traf, kam ich oft am selben oder am nächsten Tag dorthin zurück, um allein dort zu sein. Diese Idee entwickelte sich für mich zu einer tieferen Bedeutung. Ich fühle mich dann in Verbindung mit den Menschen, die sich an diesen Orten, Restaurants, Cafés, Brücken, aufhalten.

Am Abend stehen an allen Straßenecken die Couscous-Verkäufer. Sie gehören alle einer Ethnie an. Wer menschlich schon abgestumpft ist, dem fallen sie gar nicht mehr auf. Couscous ist ein beliebtes Gericht zum Abendessen, besonders bei Leuten mit kleinem Einkommen. Man verkauft den Couscous in Unzen. Das entspricht ungefähr einer Hand voll. Es reicht nicht, um satt zu werden, doch man kann davon überleben. Vor Sonnenuntergang kommen die Verkäufer nicht nach Hause. Die Unterdrückten in Mauretanien schweigen, genau wie auch ihr Heimatland. Doch ihre Gesichter zeugen von dem Schmerz, den sie nicht artikulieren dürfen. In Nouakchott trifft die Primitivität der Großstadt auf die Einfachheit der Nomaden. Diese Kombination ist auf der Welt einzigartig. Denn von dem Moment an, in dem man einen Fuß in die Stadt setzt, bis zu dem Zeitpunkt, an dem man sie verlässt, erlebt man die Magie der Wüste. Goldene Sanddünen umranden die Stadt von drei Seiten. Die vierte Seite grenzt an den Atlantischen Ozean, mit seinem Rhythmus der Gezeiten beladen und mit dem Geruch längst vergessener Fischer.

Nouakchott sieht heute für mich aus wie eine Witwe, die vorzeitig gealtert ist. Die verblichenen Farben der Stadt zeichnen sich vor meinen Augen ab, und dann verblassen sie allmählich und tragen Träume und Sehnsüchte nach einer Heimat in sich. Ich muss an das *Tunesische Café* denken. Es ist in Nouakchott ein bekannter Treffpunkt junger Menschen, die gegen die islamischen Regeln und gegen die islamische Kontrolle im Land eingestellt sind.

Eines Tages verließ ich das Haus ein paar Stunden früher als gewöhnlich, weil ich den starken Drang verspürte, durch die Stadt zu gehen. Die Sonne schien stark auf die schlichten Gebäude. Jedes Gesicht, das ich auf der Straße sah, erzählte eine Geschichte, jeder Ausdruck und jedes geäußerte Wort. Jedes Stirnrunzeln, so schien es mir, erzählte, was Buchstaben und Wörter und der ganze verbale Vorrat an Ausdrücken und Vokabeln nicht ausdrücken können. Die Ausbreitung der nomadischen Kultur hat eine Mentalität verbreitet, die lebensnotwendige Dinge als Luxus betrachtet, der nicht jedem zusteht. Sie gelten eher als Gut, das dem privilegierten Teil der Bevölkerung vorbehalten ist. Die Schwierigkeiten und Probleme sind zur Regel geworden. Die religiösen Scheiche bringen den Leuten hier bei, dass Hunger und Elend ein ehrenwertes Ziel seien und Gott zufriedenstellen würden. Reichtum und Wohlstand hingegen seien Versuchungen, die man meiden solle. Trotzdem sieht man diese Scheiche in Autos mit Klimaanlage herumfahren. In einem Land, in dem die meisten Menschen in Armut leben müssen, wohnen sie in Villen, die Palästen gleichen. Ich frage mich, warum sie sich für das Glück auf Erden entschieden haben.

Ich erreichte eine Kreuzung im Zentrum Nouakchotts, die man *Madrid* nennt. Sie ist der Knoten- und Angelpunkt der Stadt, der die Bezirke miteinander verbindet. Ich stand am Rand und wunderte mich befremdet darüber, warum man sie gerade Madrid nennt. An dieser Kreuzung findet man alle Widersprüche und die schlimmste Form von Improvisation und Einfachheit. Als wenn es ein Mikrokosmos der Gesellschaft wäre. Man sieht Ungleichheit, Korruption und viele andere Dinge, die unsere Menschheit erniedrigen. Solche Missstände brachten mich immer wieder zum Nachdenken, und mein Wille, meinen Gedanken Ausdruck zu verleihen, wurde stärker. Die Ferien neigten sich dem Ende zu und für mich war es an der Zeit, zurück nach Kairo zu reisen, um das nächste Semester anzutreten.

Liberales Netzwerk Mauretanien

Ich hatte ein Stipendium für den kulturellen Austausch zwischen Mauretanien und Ägypten erhalten, um ein Grundstudium an der Universität Kairo zu absolvieren, die als eine der renommiertesten Universitäten der arabischen Welt und Afrikas im Allgemeinen gilt. Ägypten war für mich nicht nur eine Station zum Studieren, sondern eine ganzheitliche und mehrdimensionale Lebenserfahrung.

In den Jahren in Ägypten habe ich viel gelernt. Sowohl auf akademisch-wissenschaftlicher Ebene bildete ich mich weiter als auch im Hinblick auf die Entwicklung meiner beruflichen Fähigkeiten. Mein Verständnis für Kultur wuchs. Angesichts der Tatsache, dass Ägypten in Afrika und der Welt als ein Land mit einer wichtigen Zivilisation und Geschichte gilt, war alles eine große Inspirationsquelle für mich. Was mein Studium an der Universität Kairo am meisten von meinem Leben in Mauretanien unterschied, war der Kontakt mit inspirierenden jungen Leuten aus verschiedenen Ländern, Kulturen und Ideologien. In Mauretanien ist jeder nur ein Duplikat oder gibt vor, eines zu sein, um sich vor der Unterdrückung durch die konservative Gesellschaft und das islamische Recht zu schützen.

In Ägypten fand ich sehr weite Welten, die sich radikal von den engen Verhältnissen unterschieden, aus denen ich stammte. Welten, von denen ich gehört hatte, aber jetzt hatte ich die Gelegenheit, mich darin auszuprobieren. Meine Studienzeit war die Phase, in der ich die Grenzen meines Wissens entdeckte.

Als ich jung war, hatte ich vor allem Angst. Ich hatte Angst, vor Leuten zu sprechen. Ich war ein Stotterer. Ich hatte Angst, alleine zu schlafen. Aber Ägypten hat mich gelehrt, dass dieses Leben kein Ort für die Ängstlichen ist. Die Erfahrung in Ägypten hat meine Persönlichkeit geprägt und mich die Grenzen spüren lassen, die ich hatte. Es war eine der inspirierendsten Erfahrungen in meinem Leben.

Als ich wieder nach Ägypten zurückkam, begann ich in den sozialen Medien Texte zu veröffentlichen. Sie haben Fragen aufgeworfen, wie zum Beispiel: „Jeden Tag hören wir von WissenschaftlerInnen, die Fossilien kleiner Insekten entdecken, die vor zig Millionen Jahren lebten, aber sie fanden keine Spur von Noahs Riesenarche, die alle lebenden Kreaturen an Bord hatte und sie vor der Flut rettete!"

Ich ging tiefer und stieß auf mehr Fragen. Die relative Freiheit in Ägypten erlaubte es mir, meine Zweifel und Fragen freier auszudrücken, und das war genau das, was ich brauchte. Ich brauchte jemanden, der mir zuhörte und akzeptierte, was ich dachte. Denn von meiner Familie und der mauretanischen Gesellschaft wurde ich unterdrückt und abgelehnt.

Meine Einstellung begann mit liberalen Tendenzen und entwickelte sich zum Säkularismus. Die Idee der Gleichheit aller Menschen, Religionen und Standpunkte und dass der Staat und seine Institutionen von allen gleich weit entfernt sein sollten, erregte meine Aufmerksamkeit.

Ich besuchte verschiedene Veranstaltungen und Foren für die Jugend. Was mir gefiel war, dass die Ideen, die dort Ausdruck fanden, keiner Heiligkeit bedurften.

Die Ansichten waren sehr unterschiedlich und wurden kontrovers diskutiert. Aber es gab keinen Groll und keine Probleme. Dieser Pluralismus von Einstellungen und Aussagen fehlt uns in Mauretanien. Nach anderthalb Jahren war ich vom Konzept des Pluralismus überzeugt und forderte seine Umsetzung.

Während meines Studiums gründete ich zusammen mit einer Gruppe mauretanischer Studenten im Ausland das *Liberale Netzwerk Mauretanien.* Unser Ziel war es, die religiöse Autorität in Mauretanien zu beleuchten, die Frage nach Freiheit im Allgemeinen und der Entscheidungsfreiheit im Besonderen zu stellen und zu erörtern. Außerdem stellten wir uns der Frage, warum die Gesellschaft mit ihren Gesetzen und religiösen Beschränkungen Tabus errichtet, und in Säkularität, Meinungsfreiheit, Gleichheit und Frauenrechten eine Versuchung sieht.

In diesem Netzwerk führten wir viele Aktionen gegen das System der ethnischen und religiösen Diskriminierung und die Sklaverei durch. In all dieser Dunkelheit erhoben sich unsere Stimmen und forderten Freiheit und Gleichheit für alle Menschen. Ironischerweise hatte ich einmal eine andere Ansicht über die Menschen, die für Gleichberechtigung kämpfen, aber es war eine unfaire Ansicht (ich nannte sie Ungläubige und Agenten des Westens).

Die meisten meiner Freunde waren Mauretanier aus der Diaspora. Ich dagegen eine Person, die außerhalb Mauretaniens geboren, aufgewachsen und ausgebildet wurde. Wir kamen als Fremde nach Ägypten, doch jetzt fühlen wir uns selbst in unseren Heimatländern fremd.

Die mauretanische Gesellschaft sieht jede Person, die Entscheidungsfreiheit fordert und das Recht, Alternativen auszusprechen, als Bedrohung an, die beseitigt werden muss. „Wenn du wieder nach Mauretanien kommst, verspreche ich dir, dass ich dir am Flughafen Nouakchott den

Kopf abschneiden werde, du Ketzer, du Abtrünniger!" Das ist nur eine der vielen Drohungen, die ich regelmäßig erhalte, nur weil ich für Liberalismus und Säkularismus eintrete.

Nouakchott

Während meiner Studienzeit wurde das Gesetz über die Erneuerung von Pässen geändert. Jeder Mauretanier muss, wenn sein Passes abgelaufen ist, für dessen Erneuerung nach Mauretanien zurückkehren, und das zwang mich, trotz aller Bedenken einzureisen. Ich hatte viele Drohungen erhalten, aber ich dachte, es sei nur Geschwätz. Das Flugzeug landete gegen 21:30 Uhr am Flughafen Nouakchott (Umm al-Tunisi) und die Passagiere stiegen aus. Ich war zum ersten Mal an diesem Flughafen, der erst zwei Jahren zuvor eröffnet worden war. Der Flughafen nahm sich sehr bescheiden aus im Vergleich zu den Flughäfen, die ich während meiner Reise von Kairo über Tunis passiert hatte. Ein Flughafen ist einer dieser Orte, der besonders für die touristischen Besucher, die meistens nichts über Mauretanien wissen, gut gepflegt werden muss.

Ich stand am Schalter der Grenzkontrolle, um meinen Pass mit dem Einreise-Stempel versehen zu lassen. Ich gab dem Beamten meinen Pass und mein Ticket. Einen Moment später sagte er mir, ich solle aus der Warteschlange am Eingang heraustreten und warten. Ich fragte wieso und er sagte: „Ein Mitarbeiter wird in Kürze kommen, um mit Ihnen zu sprechen, warten Sie einfach.“ Eine Stunde später kam ein Flughafenpolizist. Er brachte mich in einen Raum und nahm mir meine Fingerabdrücke ab. Meine persönlichen Daten erschienen auf dem Bildschirm des Computer.

Er begann, mir Fragen zu stellen: „Wie haben Sie einen mauretanischen Pass bekommen, kennen Sie Dr. Salem?"

Er nannte viele weitere Namen. Dann fuhr er fort: „Haben Sie Kontakt zu diesen Leuten, haben Sie sie getroffen?"

Ich antwortete: „Ich kenne sie nicht."

Er fragte: „Hat einer der Freunde Ihres Vaters Sie kontaktiert?"

Es folgten viele Fragen, von denen ich einige aufgrund meiner Erschöpfung und des Schocks, mich in Polizeigewahrsam zu befinden, nicht verstand.

Ich fragte den Beamten: „Ist mein Reisepass in Ordnung oder nicht? Wenn ja, warum verhören Sie mich?" Und weiter: „Mindestens hunderttausend Menschen befinden sich in einer ähnlichen Situation. Sie sind die Kinder politischer Gegner, die in der Diaspora leben und die mauretanische Staatsbürgerschaft besitzen. In der Diaspora zu leben, steht der Zugehörigkeit und Liebe zum Heimatland also nicht entgegen. Es ändert nichts daran, dass wir Mauretanier sind, also wie kann man uns daran hindern, unsere Heimat zu besuchen?"

Er unterbrach mich und sagte: „Wird Sie jemand am Flughafen treffen?"

Ich antwortete: „Ja, mein Cousin."

Also rief er einen anderen Polizisten und sagte ihm, er solle mit mir in die Ankunftshalle gehen, um meinen Verwandten herzubringen. Ich ging mit dem Polizisten zum Ankunftsgate und sah prüfend in die Gesichter der Leute. Nach ein paar Minuten kam mein Cousin, umarmte mich und fragte: „Was macht der Polizist da neben dir?"

Ich sagte ihm, dass die Flughafenpolizei meinen Pass beschlagnahmt habe und mich überprüfen wolle. Außerdem wolle der Beamte mit ihm sprechen. Wir gingen zurück zum Polizeibüro und warteten an der Tür. Mein

Cousin wurde schließlich hereingebeten. Nach ungefähr anderthalb Stunden kamen mein Cousin und der Offizier wieder heraus. Der gab mir meinen Pass und sagte: „Gehen Sie mit diesem Polizisten mit, um Ihren Pass mit dem Einreisestempel versehen zu lassen. Wir haben die Telefonnummer Ihres Cousins und werden Sie später darüber kontaktieren."

All das schockierte mich. So wurde ich von den Behörden meines Landes nach sechs Jahren in der Diaspora aufgenommen. Ich wurde verhört, weil ich der Sohn eines politischen Gegners war. Doch Hauptsache mein Pass wurde abgestempelt, ich konnte meine Tasche mitnehmen und den Flughafen verlassen. Ich fragte meinen Cousin, was im Polizeibüro passiert wäre und wie er das Problem gelöst hätte.

Er sagte: „Ich kannte den Offizier durch meinen Stamm, und zufällig kannte er einige unserer Verwandten, die in der Regierung arbeiten. Sie haben ihm versichert, dass du aus dem Stamm kommst, dass du im Exil geboren wurdest und dass er das überprüfen kann." Danach lachte er und sagte zu mir: „Das ist Mauretanien, alles kann mit einem Telefonat erledigt werden."

Wir wissen, dass diese Praktiken stattfinden, aber wir glauben es nicht, bis wir es selbst erleben.

Wir stiegen ins Auto und erreichten kurz darauf die Hauptstadt Nouakchott. Für mich sah sie aus wie eine Geisterstadt. Die meisten Straßen waren dunkel und von weitem konnte ich nur hier und da verstreute Lichter sehen. Nichts Aufregendes gab es in dieser Stadt, keine Gebäude, keine Denkmäler, keine Museen, kein Kino, keine asphaltierten Straßen. Man konnte vom Autofenster aus nichts sehen außer Armut. Sie war überall erkennbar. In allen leblosen Objekten und Tieren und sogar in den Gesichtern und Gestalten der Menschen.

Trotz all dieser Probleme und Widersprüche liebe ich Nouakchott. Die Heimat, auch wenn es nur ein Zelt in einer kargen Wüste ist, bleibt ein Ort, der mit positiven Werten und Erinnerungen verbunden ist. Jeder von uns hat einen Ort, an dem er sich zu Hause fühlt. Und trotz all der negativen Eigenschaften und Probleme bleibt es unsere Heimat.

Wir erreichten das Haus, in dem meine Tante lebte, und wir waren so müde, dass wir sofort schlafen gingen. An meinem ersten Morgen in Mauretanien erwachte ich, und der grüne Tee nach mauretanischer Art stand zusammen mit frischem Brot aus dem Ofen schon auf dem Küchentisch. Einige Stunden nachdem ich aufgewacht war, rief mich mein Onkel an und sagte, er wolle mich wegen etwas sehr Wichtigem treffen. Mein Onkel kam mit drei weiteren Personen an den Ort, an dem ich mit meinem Cousin lebte, und einer dieser Männer roch, als hätte er zehn Jahre lang kein Bad genommen.

Mein Onkel sagte zu mir: „Du weißt, dass deine Schwester an Kinofilmen arbeitet, und das bringt unserem Stamm und seiner Geschichte, die reich an Wissenschaft und Religion ist, Schande. Außerdem hat sie den Schleier abgenommen. All das zusammen macht es unerlässlich, dass wir diese Katastrophe beenden."

Ich antwortete ihm: „Meine Schwester ist frei in ihrem Leben und ich werde niemandem erlauben, ihr auch nur ein Haar zu krümmen."

Daraufhin schlug mich einer der Männer ins Gesicht, zog mich zu sich heran und sagte: „Wenn du nicht in der Lage bist, ein Mann zu sein, und die Schande, die deine Schwester über uns gebracht hat, reinzuwaschen, werden wir es tun."

In diesem Moment wurde mir klar, dass man mit diesen Leuten nicht streiten konnte. Sie sprechen die Sprache der Gewalt, der Drohungen und Beleidigungen, nicht die Sprache der Diskussion und des Dialogs.

Die ganze Nacht tobte und schrie ich im Schlaf. Von Zeit zu Zeit weckte mich mein Cousin.

„Yahya, Yahya! In Gottes Namen, bist du wahnsinnig? Du bist doch vom Teufel besessen!“

Meine Festnahme

Als ich am nächsten Tag mit dem Wagen meines Cousins unterwegs war und eine kleine Kurve erreichte, die von einer Neben- auf die Hauptstraße führt, wurde ich von drei Fahrzeugen der Religionspolizei angehalten. Ich hörte, wie sie mir zuriefen, ich solle den Motor abschalten und aus dem Wagen rauskommen. Fünf Männer stiegen aus den drei Autos und einer von ihnen richtete seine Pistole auf mich. Ich geriet in Panik, schaltete den Motor ab und stieg aus dem Wagen. Sie verbanden mir die Augen und fixierten mir mit einem Kabelbinder die Hände hinter dem Rücken. Dann wurde ich in einen ihrer Wagen gebracht. Auf der Fahrt fühlte ich eine Mischung aus Angst und Wut. Ich fragte mich, in welches Gefängnis sie mich bringen würden und wie lange ich dort bleiben müsste. „Was ist wohl mein Ziel?“, fragte ich mich heimlich. Nach kurzer Zeit kam das Fahrzeug zum Stehen und ich wurde gewaltsam von einem der Beamten aus dem Auto gezogen. Sie brachten mich zu einem Gebäude der Sicherheitsverwaltung und führten mich in einen Raum. Erst dann nahmen sie mir die schwarze Augenbinde ab. Ich saß in einem Vernehmungsraum. Für ungefähr drei Stunden saß ich dort alleine. Mir kam es eher wie ein paar Tage vor. Dann betrat Ein circa vierzigjähriger Mann den Raum und setzte sich mir gegenüber hin, ohne ein Wort zu sagen. Er guckte mir direkt in die Augen. Mir schossen die Gedanken durch den Kopf. Muss ich Monate, vielleicht sogar Jahre im Gefängnis verbringen? Werde ich hier noch rauskommen? Es stellten sich mir so viele Fragen, weil ich wusste, dass nur sehr wenige Menschen aus der Staatssicherheitshaft entlassen werden. Nur die, die man still schalten will, werden verhaftet. Ich fragte ihn, warum ich hier sei.

Er sagte: „Mach dir keine Sorgen, wir wollen bloß mit dir reden."

„Worüber?", fragte ich ihn.

„Über deine letzten Aktivitäten", entgegnete er.

„Welche Aktivitäten?", erwiderte ich.

Darauf sagte er mir: „Du bist doch ein kluger Junge, also versuche nicht, unseren Fragen auszuweichen."

Er fuhr fort: „Wir wollen mehr über dich wissen." Dann stand er auf und verließ den Raum.

Ein paar Momente später kam ein junger Mann herein. Er war etwa 20 Jahre alt. Ich wurde von ihm durch lange Korridore in ein anderes kleines Zimmer gebracht. Von einer kleinen Hängelampe an der Decke schien gedimmtes Licht. Ich blieb für ein paar Tage in dem Raum. Wie lange genau weiß ich nicht, weil ich nicht zwischen Tag und Nacht unterscheiden konnte. Am Tag meiner Entlassung wurde mir gesagt, es sei eine Woche gewesen. Mir schien es eher ein Monat gewesen zu sein. Es waren lange Tage. Alles, was ich mitbekam, waren die Geräusche, wenn Türen geöffnet oder geschlossen wurden.

Die Anklage lautete Verdacht der Absprache mit ausländischen Kräften zur Destabilisierung des inneren Friedens und der Anlass war die erste Konferenz des *Liberalen Netzwerks*, die ich in Mauretanien organisiert hatte. Es ging dort um soziale Gerechtigkeit. Die Anklageschrift verstand ich nicht. Sie war auch lediglich ein Vorwand, um Rechtsvorschriften missbräuchlich anzuwenden und mir mein Recht zu verweigern. Der Vernehmungsbeamte forderte mich auf, eine Erklärung zu unterschreiben, mit der ich mich dazu verpflichtete, jegliche zukünftigen Handlungen in Verbindung mit Kritik an der religiösen Herrschaft zu unterlassen. Mir blieb nichts anderes übrig, als das Dokument zu unterzeichnen. Sonst wäre ich nicht wieder freigekommen. Ich war voll von Gefühlen der Unterdrückung, weil mir nichts anderes übrigblieb, als mich ihren Anordnungen zu beugen.

الإعدام
للمسيء
ولد إخو

Meine Flucht

Ich war nun davon überzeugt, dass das Leben in Mauretanien für mich unmöglich geworden war. Eine Beschwerde bei einer Polizeistation einreichen konnte ich nicht. Ich habe es mehrmals versucht. Aber der Einfluss meiner Familie war ein Hindernis. Sobald ich den Namen meiner Familie und meines Stammes erwähnte, weigerten sich die Polizisten, sich des Falles überhaupt nur anzunehmen, weil sie Angst vor der Reaktion meines Stammes hatten. Deshalb musste ich Mauretanien sofort verlassen.

Die Odyssee meiner Flucht begann damit, dass ich untertauchte und meine Telefonnummer änderte. Ich kontaktierte alle, die ich kannte, um Hilfe bei der Flucht aus Mauretanien zu erhalten. Das erste Hindernis war die Erteilung eines Visums für ein Land, in das der lange Arm meiner Familie nicht hin reichte. Die zweite Hürde war, das Land mit dem Flugzeug zu verlassen, weil mein Stamm großen Einfluss hatte und mich möglicherweise am Flughafen verhaften lassen konnte. Das passierte vielen, die – aus den unterschiedlichsten Gründen – Probleme mit ihrem Stamm hatten: politische Oppositionelle, Menschenrechtsaktivisten, Säkulare oder Mitglieder der LGBTQ-Gemeinschaft.

Einige Monate vor meiner Rückkehr nach Mauretanien hatte ich mich für die Teilnahme an der Jugendkonferenz der Vereinten Nationen in Deutschland angemeldet. Während dieser schwierigen Tage in Mauretanien erhielt ich eine E-Mail, in der mir mitgeteilt wurde, dass ich für die Teilnahme an der Konferenz ausgewählt worden war. Das Leben hat mich belohnt, denn diese Gelegenheit hat mich gerettet.

Ich ging zur Botschaft und bekam in nur vier Tagen ein Visum. Aber das eigentliche Problem war gar nicht das Visum, sondern das Flugzeug dann auch besteigen und somit das Land verlassen zu können. Das erforderte Vermittlung. Ich suchte Hilfe bei einem Freund, der mit mir in Ägypten gewesen war und dessen Familie großen Einfluss hat. Die Lösung bestand darin, einen Flughafenangestellten zu bestechen.

Am Flughafen begrüßten mich Mitarbeiter und brachten mich in ein Büro. Sie sagten: „Warte hier und verlasse den Raum nicht." Ich wartete dort mehr als vier Stunden. Als letzter Passagier stieg ich in das Flugzeug. Ich wusste nicht, wie ich mich fühlte. War ich glücklich, weil ich überlebt hatte, oder traurig, weil ich mein Land auf diese Weise verlassen musste? Die Erfahrung, aus dem Land, in dem man lebt, vertrieben zu werden, nur weil man anders ist, ließ mich die Unterdrückung und Tyrannei spüren. Es schmerzte. Mein Herz wurde zu einem Massengrab. All die Lebenspartner, Reisegefährten und Freunde aus den Kindertagen, mögen sie auch eine noch so kleine Rolle in meinem Leben gespielt haben, ruhen nun darin. Plötzlich tötet dich dein Volk, während du lebst. Trotz alledem vermisse ich Mauretanien, einfach weil ich dort so viel Zeit verbracht habe. Es war kein Abschied, der mit der Hoffnung auf ein Wiedersehen schmerzte, sondern ein Abschied, der ohne den Wunsch zu gehen schmerzte.

Die Bilder zeigen eine Gruppe von Menschen bei einer Demonstration vor der größten Moschee in der Hauptstadt Nouakchott. Auf Plakaten verlangte die Menge die Festnahme und die Hinrichtung Yahya Ekhous. In Sprechchören forderten die Demonstranten, dass das islamische Gesetz auf ihn angewendet werden solle.

Meine Ankunft in Deutschland

Als das Flugzeug am Frankfurter Flughafen landete, fühlte ich beim Atmen ein seltsames Gefühl. Es war, als würde ich zum ersten Mal atmen. Immer wenn ich einatmete, spürte ich, wie sich mein Körper anhob. Es war, als wäre ich wiedergeboren worden. Ich lachte und wollte alle umarmen, die ich am Flughafen und am Bahnhof traf. Ich sagte mir, dass ich jetzt im Land der Freiheit angekommen sei und endlich aus vollem Herzen alles in die Welt hinausrufen könne, was ich wollte. Sei es mein Unglaube oder auch meine anderen Ideen. Hier konnte mich niemand unterdrücken und mir meine Stimme oder meine Rechte wegnehmen. Seitdem ich denken konnte, war das der erste Moment, in dem ich nicht tausendmal nachdachte, bevor ich meine Meinung ohne Angst aussprach. Zum ersten Mal musste ich mich nicht verstellen und meine Überzeugungen und Gedanken zügeln. Ich war nicht mehr gezwungen, meine Handlungen, meine Gesten, alle meine Bewegungen zu kontrollieren.

Vom Frankfurter Flughafen aus suchte ich nach einer Möglichkeit, um nach Bonn zu kommen. Der Flughafen war riesig und wie ein Labyrinth für mich. Endlich fand ich einen Fahrkartenschalter und kaufte eine Zugkarte nach Bonn. Erst musste ich mit der U-Bahn zum Hauptbahnhof. Dort angekommen dauerte es eineinhalb Stunden, bis der Zug nach Bonn kam. Während ich auf den Zug wartete, kaufte ich mir einen Kaffee. Der Verkäufer lachte mich an, während er mir den Becher überreichte. Er war Syrer und wir redeten ein wenig auf Arabisch. Es war ein junger Mann voller positiver Energie. Er fragte mich, wohin ich gehen würde, und ich erzählte ihm, dass ich eine Konferenz der Vereinten Nationen besuchen würde. Er freute sich darüber und wünschte mir eine gute Weiterreise. Mit dem Kaffee in der Hand ging ich zum Gleis 7, von dem aus mein Zug abfahren sollte. Es war inzwischen kalt geworden und ich fror ein bisschen. Mit einem Buch von Anton Tschechow setzte ich mich auf einen freien Sitzplatz auf dem Bahnsteig. Nach einer Weile fuhr mein Zug ein. Im Wagen suchte ich mir einen Platz am Fenster. Die Landschaft faszinierte mich. So weit das Auge reichte, sah ich Bäume, Büsche und Wiesen. Auch die Architektur der Häuser begeisterte mich. Alles war so schön.

Am Abend kam ich am Hauptbahnhof Bonn an. Von dort aus musste ich noch einen Bus zum Hotel nehmen, in dem ich für die Dauer der Konferenz blieb. Im Hotel angekommen, ließ ich mir den Zimmerschlüssel geben und nahm ein warmes Bad. Ich versuchte mich zu entspannen, weil ich wusste, dass der kommende Tag für mich äußerst wichtig werden würde. Man hatte mich als Menschenrechtsaktivist eingeladen, der dazu beitragen soll, die Situation der sozialen Minderheiten in Mauretanien zu verbessern. Ich war der einzige Mauretanier, der an der Konferenz teilnahm. Die Jugend-Konferenz im Hauptgebäude der Vereinten Nationen sollte vier Tage lang gehen.

Am nächsten Morgen stand ich um halb sieben auf und kaufte mir eine Tasse Kaffee. Ich überquerte den Rhein und betrat das Gebäude. Es fanden dort Workshops statt. Junge Menschen voller Begeisterung und Ideen nahmen daran teil. Geleitet wurden die Arbeitskreise von Universitätsprofessoren, Politikern, Vertretern von internationalen Instituten und Unternehmen. Ich traf dort sehr erfolgreiche junge Leute aus der ganzen Welt. Wir waren alle der Auffassung, dass sich auf der Welt etwas verändern müsse. Wir alle wollten zu einer Zukunft beitragen, in der Menschen mit Anspruch auf ihre Rechte in Würde leben können. Mir tat es sehr gut, mich mit den anderen Aktivisten auszutauschen und meine Ideen und Erfahrungen zu teilen. Es gab mir einen Schub und ich wollte mein Wissen noch erweitern. Um vier Uhr nachmittags, am letzten Tag der Veranstaltung machten wir ein Gruppenfoto mit allen Teilnehmern. Anschließend verließ ich das Gebäude und ging zur nächsten U-Bahn-Station. Von dort aus fuhr ich zurück zum Hauptbahnhof Bonn. Mein nächstes Ziel war Gießen. Alle Asylanträge in Deutschland werden nach Ländern sortiert. Für die Asylbewerber jedes Landes gibt es eine Stadt, in der ihr Antrag bearbeitet wird.

Ich reiste nach Gießen, weil ich gehört hatte, dass die Behörden in dieser Stadt für Asylanträge von Mauretaniern zuständig sei. Ich kam am frühen Nachmittag in der Erstaufnahmestelle an. Dort wurde ich in einen Raum gebracht und ein Mitarbeiter stellte mir einige Fragen. Dann sagte er zu mir: „Sie werden heute Nacht hier schlafen und morgen früh werden sie zu der Dienststelle gefahren, wo die weiteren Formalitäten erledigt werden.“ Der Übersetzer brachte mich in ein Zimmer und sagte: „Ruhen Sie sich hier aus. Um vier Uhr morgens werde ich kommen, um Sie aufzuwecken.“ Es war eine sehr lange Nacht. Ich lag wach, bis der Übersetzer kam. Er sagte mir, ich solle mich fertigmachen und dann auf dem Hof warten.

„Sie werden mit dem Bus an einen anderen Ort gebracht“, erklärte er mir. Ich wusch mir das Gesicht, packte meine Sachen und ging zum Hof, wo es sehr kalt war. Dort sah ich viele Menschen verschiedener Nationalitäten. Wir frühstückten zusammen und als wir wieder nach draußen gingen, wartete ein Bus auf uns. Davor stand eine Person und rief Namen. Diejenigen, die ihren Namen hörten, hoben die Hand, erhielten ein Formular, nahmen ihre Taschen und stiegen in den Bus. Nach fast einer halben Stunde, noch vor dem Sonnenaufgang, startete der Bus. Ich war voller Hoffnung und Glücksgefühlen. Nach ungefähr einer Stunde kamen wir an einer Aufnahmestelle an, die viel größer war als die vorherige. Wir stiegen aus dem Bus aus und betraten eine große Halle mit Gepäckkontrollgeräten. Nach der Inspektion unserer Koffer und Taschen wurden wir in eine große Wartehalle voller Geflüchteter gebracht. Alle paar Minuten kam ein Mitarbeiter mit einem Übersetzer, rief einen Namen und die genannte Person folgte ihnen in einen anderen Raum. Nach fünf Stunden rief ein Mitarbeiter meinen Namen auf und führte mich zusammen mit einem Übersetzer in ein Zimmer. Dort holte eine Mitarbeiterin meinen Pass heraus und fragte: „Ist das Ihr Pass?“

„Ja“, antwortete ich.

Als sie fragte, was meine Religion sei, und ich antwortete: „Ich bin ein Atheist mit islamischem Hintergrund.“

Ich bemerkte, dass sich der Gesichtsausdruck des Übersetzers und die Art, wie er mit mir sprach, veränderten, so als wäre er wütend auf mich. Sie nahmen meine Fingerabdrücke und machten Fotos, dann wurde ich in ein anderes Zimmer gebracht. Dort wartete ich eine Weile und schließlich kam eine Übersetzerin zu mir. Ich bat sie zu prüfen, was in Bezug auf meine Religion eingetragen worden war, weil ich bei dem vorherigen Übersetzer ein ungutes Gefühl hatte. Sie sagte mir, dass in meiner Akte stehe, ich sei ein Muslim. „Diesen Eintrag möchte ich korrigieren“, gab ich zurück, aber sie antwortete mir, dass sie nicht befugt sei, mir zu helfen. Ich solle es klären, sobald ich den nächsten Mitarbeiter träfe. Als ich einen Beamten traf, sagte er mir, dass ich am nächsten Tag noch einmal verlegt werden würde und dort die Angabe korrigieren könnte. Ich wurde in ein anderes Gebäude in der Nähe gebracht, und man sagte mir: „Du wirst hier schlafen und morgen früh wirst du um 7 Uhr verlegt.“ Es war spätnachmittags und für mich war es ein sehr langer Tag. Ich war erschöpft. Was mich am meisten ermüdete und erschöpfte war aber, was der Übersetzer mir angetan hat. Warum hatte er sich über mich hinweggesetzt? Was gab ihm das Recht dazu?

Das Flüchtlingsheim Horst

Mein nächstes Ziel war die Flüchtlingsunterkunft Horst in Mecklenburg-Vorpommern. Sie hatte einen schlechten Ruf, es hieß, dort seien die schlimmsten Flüchtlinge untergebracht. Ich stieg am Bahnhof Boizenburg aus dem Zug, es schneite. Ich fand die Bushaltestelle und setzte mich, um zu warten. Neben mir saßen da noch vier weitere Geflüchtete, ein Mann aus Ghana, eine Frau aus Afghanistan und eine Frau mir ihrem Kind aus Honduras. Es war sehr kalt. Nach ungefähr zwei Stunden kam der Bus endlich. Nach zwanzig Minuten Fahrt hielt der Bus mitten im Wald. Der Fahrer sagte zu uns: „Das ist eure Haltestelle.“ Dann deutete er mit der Hand neben die Straße. „Dort im Wald gibt es einen Weg, der zu der Unterkunft führt.“

Ich stieg mit einigen anderen aus dem Bus aus, und wir gingen den Weg entlang. Nach einigen Minuten wurde zwischen den Bäumen ein hohes Gebäude mit ungefähr acht Stockwerken sichtbar. Drumherum standen ein paar niedrigere Gebäude. Das ganze Gelände war von einem Stacheldrahtzaun umschlossen. Es glich eher einem Gefängnis als einer Unterkunft. Am Einlass wurden wir durchsucht und bekamen Formulare ausgehändigt. In der Mitte des Geländes befand sich ein kleiner Spielplatz, auf dem sich viele Kinder tummelten. Ein Mitarbeiter brachte mich zum Gebäude Nr. 3. Es war blau und für alle Menschen aus Afrika bestimmt. Die Häuser hatten alle verschiedene Farben und jedes war für eine bestimmte Nationalität vorgesehen. Am Eingang wurde ich von einem anderen Mitarbeiter empfangen, der mich in ein Büro brachte. Mir wurden ein Handtuch und ein Beutel mit einer Zahnbürste, Seife und Shampoo gegeben. An den Wänden hingen Informationstafeln über die deutsche Gesetzgebung. Ich wurde zum Raum Nr. 106 gebracht, ein großes Zimmer mit acht Betten. Für jeden Bewohner gab es einen Spind. Der Mitarbeiter wies mit der Hand auf den Flur und sagte mir, dass sich am anderen Ende ein Badezimmer befinden würde. Dann händigte er mir einen Zettel mit den Öffnungszeiten des Essbereichs aus. Der Essbereich befände sich in einem weiß-orangefarbenen Gebäude in der Nähe des Haupteingangs und ich solle meinen Ausweis mitnehmen. Abendessen würde es in einer halben Stunde geben.

Ich zog mir eine Jacke an, stellte meine Tasche in den Spind und machte mich auf den Weg zum Abendessen. Vor einer Theke hatte sich eine lange Schlange gebildet. Leute aller Altersgruppen und jeder Herkunft standen davor an. Ein Mann am Eingang stempelte meinen Ausweis ab und wies mich an, den Raum zu betreten. Nachdem ich eine große Menschenmenge passiert hatte, in der viel Gedränge herrschte, kam ich in eine Halle. Alles sah aus wie in einem Gefängnis. In der Mitte des Raums standen Stühle und Tische. Ich nahm mir einen Metallteller und stand damit eine Weile verwirrt herum. Ich wusste nicht, wohin ich mich setzen sollte, um zu essen. Der erste Tag war für mich sehr anstrengend.

Nach einer Woche fand ich mich einigermaßen zurecht. Ich saß meistens an einem Tisch in der Nähe des Eingangs und beeilte mich beim Essen. Gerne hätte ich mit Bekannten Kontakt aufgenommen und sie um Hilfe gebeten, doch dadurch, dass die Internetverbindung von so vielen Leuten gleichzeitig genutzt wurde, brach sie ständig ab.

Das ganze Gelände wurde von Banden beherrscht. Jedes Gebäude hatte einen Anführer, der den Verkauf von Drogen und gestohlenen Waren organisierte. In dem Gebäude, in dem ich untergebracht war, wohnten Araber und Afrikaner; der „Chef" war ein Marokkaner. Ich vermied es, mit den Arabern zu reden, weil ich wusste, wie gefährlich sie für mich sein konnten, selbst in Deutschland. Es war jedoch fast unmöglich, ihnen zu entkommen, da wir alle zusammen in der Cafeteria aßen. Einige der Angestellten waren Araber und sie sagten den anderen, dass ich auch Araber sei.

Ich lebte sehr zurückgezogen, aber sie versuchten, mich einzubeziehen, und luden mich zu ihren Abenden ein. Eines Nachts diskutierten wir im Zimmer über den Flüchtlingsstatus und es wurde schwierig. Einer der Araber sagte, dass die europäischen Regierungen nur bisexuelle und abtrünnige Menschen unterstützen würden, die ihre Religion verkauft hätten. Ich entgegnete, dass nicht jeder Mensch, ob schwul oder atheistisch, ein Verräter und Agent sei. Wer sich entschieden habe, so zu leben, habe auch ein Recht dazu. „Wir haben kein Recht, ihnen das abzuerkennen." Er erwiderte darauf: „Diese Menschen sollten getötet oder vertrieben werden. Das sagt das islamische Scharia-Gesetz." In diesem Moment krampfte sich mein Innerstes vor Schreck zusammen.

Die meisten Araber und Muslime, die sich in Europa aufhalten, sind aufgrund politischer, religiöser, sozialer oder genderspezifischer Unterdrückung hierhergekommen. Bei vielen in Deutschland lebenden Arabern und Muslimen, mit denen ich zu tun habe, fällt mir folgender Widerspruch auf: Auf der einen Seite fordern sie das Recht ein, vor den diktatorischen Richtlinien und Gesetzen, vor denen sie geflohen sind, geschützt zu werden. Gleichzeitig wollen sie, dass ihr Glaube respektiert wird. Und alle europäischen Verfassungen garantieren ihnen das. Doch dieselben Menschen unterdrücken und schließen Araber und Muslime aus, wenn diese andere religiöse Überzeugungen oder eine andere sexuelle Orientierung haben oder ihren Glauben sogar abgelegt haben. Dieselben, die Respekt für ihren Glauben fordern und auf ihre Entscheidungsfreiheit pochen, beleidigen, unterdrücken und schlagen Personen, die eigentlich Asyl und Schutz erhalten sollen. Sie hetzen auf schlimmste Weise gegen Atheisten und Homosexuelle und fordern deren Verfolgung. Wenn jemand nicht zu ihrer Community gehört, zeigen sie möglicherweise Gleichgültigkeit oder sogar Toleranz gegenüber einer Abweichung von ihren Normen, aber nicht gegenüber jemandem, den sie als zu ihrer Gruppe zugehörig betrachten – wie mir. Warum betrachten sie sich selbst als Mitglieder einer unterdrückten Gruppe, die geschützt werden muss, während sie andere als eine Krankheit ansehen, die beseitigt werden muss?

Ein paar Tage später erzählte mir ein Algerier, dass er mein Facebook-Profil gefunden und meine atheistischen Texte gelesen habe. Er sagte, dass er sich schäme und es ihm leidtue, mich jemals getroffen zu haben. Einige Stunden später brach eine Gruppe arabischer Geflüchteter in mein Zimmer ein, schlug, trat und beleidigte mich. Als ich versuchte, die Polizei anzurufen, zerstörten sie mein Handy. Sie drohten, mich jeden Tag zu verprügeln. Nach ein paar Minuten kamen die Sicherheitsleute der Unterkunft dazu und nahmen mich mit in ihr Büro. Ich habe die ganze Nacht im Büro des Sicherheitsdienstes verbracht. Am nächsten Morgen kam die Vorgesetzte der Sicherheitsleute, und ich erzählte ihr, was passiert war und dass ich so schnell wie möglich aus dem Haus ausziehen wolle, weil mein Leben in Gefahr sei. Die Vorgesetzte war sehr verständnisvoll. Sie sagte, sie würde alles tun, um mich so schnell wie möglich hier rauszuholen. Drei Tage lang lebte ich in einem Raum neben dem Sicherheitsbüro und verließ ihn nicht.

Eines Abends bekam ich einen Anruf von meinem Freund Ahmed. Er fragte mich, ob ich schon wüsste, was mit meiner Staatsbürgerschaft passiert sei. „Meine Staatsbürgerschaft, was soll damit sein?", erwiderte ich. Er sagte, ich könne meinen mauretanischen Pass nicht mehr benutzen. Ich hatte darüber nie nachgedacht und fiel aus allen Wolken. Durch Ahmeds Bekannte in Mauretanien versuchten wir, die Sache zu überprüfen. Wir kontaktierten einen Freund von ihm in Nouakchott und baten ihn, eine Geburtsurkunde von mir einzuholen. Dafür schickte ich ihm meine Passnummer. Als er damit zu der Behörde ging, wurde ihm mitgeteilt, dass die Nummer aus dem System gelöscht worden sei. Der Besitzer des Passes habe keinen Anspruch auf Papiere, wurde ihm gesagt. Mein Pass war also nicht mehr gültig und ich konnte keinen Antrag auf einen neuen stellen. Wenn ich mit meinem mauretanischen Pass in ein arabisches Land reisen würde, würde man mich nach Mauretanien deportieren, hieß es.

Nach drei Tagen im Büro wurde ich in eine andere Unterkunft gebracht.

Neues Heim, alte Probleme

Die Serie meiner schlechten Erfahrungen mit extremen Muslimen setzte sich fort. Denn wenn du mit diesen Muslimen zusammenleben musst und vor Unterdrückung sicher sein möchtest, musst du schweigen. Man darf seine Meinung und Gedanken nicht äußern, da es ihre Gefühle verletzt und angeblich schädigt, was sie für heilig halten.

Ich wurde in ein kleines ostdeutsches Dorf in der Nähe der Grenze zu Polen verlegt. Wieder vermied ich es, mich mit den arabischen Bewohnern der Unterkunft auszutauschen. Aber Gewalt, Drohungen und Schläge folgten schnell. Das überzeugte mich noch mehr, meine Erfahrungen zu dokumentieren und detailliert aufzuschreiben.

Eines Abends in der Küche, wo sich alle treffen, weil es sich um eine Gemeinschaftsküche handelt, bereitete ich das Abendessen vor und es gab eine Diskussion zwischen einem Iraker, einem Syrer und einem Palästinenser über den schlechten Zustand der arabischen Länder. Der Iraker sagte: „Wenn die Muslime aufrichtig zu Gott beten würden, würde sich ihre Situation zum Besseren wenden.“ Ich sagte, dass es keinen Sinn ergeben würde, denn seit der Islam existiert, würden Muslime jeden Tag beten, und die Gebete blieben trotzdem unbeantwortet. Denn Armut, Krankheit, Korruption, Tyrannei, Unterdrückung, Verfolgung, Diskriminierung sowie das niedrige Bildungs-, Gesundheits- und Dienstleistungsniveau gibt es nach wie vor. Warum hat Gott ihnen nicht geholfen? Tausend Jahre sind lange genug, um zu beweisen, dass der, an den sie ihre Gebete senden, nicht da ist.

Er griff mich mit Schlägen und allerlei Beleidigungen und Drohungen an. Als ich mich beim Sicherheitsdienst und der Leiterin beschwerte, unternahmen sie nichts dagegen. Die Leiterin sagte: „Ich werde dich in einem Raum im Obergeschoss unterbringen. Das ist alles, was ich tun kann." Ich war über diese Nachsicht schockiert, denn wenn der Täter keine Bestrafung fürchten musste, konnte sich ein solcher Angriff jederzeit wiederholen.

Eines Nachmittags war ich in der Küche und bereitete etwas zu essen vor, als ein junger Mann aus Syrien den Raum betrat. Er fragte mich: „Was machst du, fastest du nicht?" Da ich Araber bin und mein offizieller Name Muhammad ist, war es aus seiner Sicht unerlässlich, dass ich ein Muslim bin und faste. Ich sagte spontan zu ihm, während ich die Eier in der Pfanne wendete: „Warum sollte ich fasten, Ich bin kein Muslim, ich bin ein Atheist." Sekunden später schlug er mir erst mit Fäusten und dann mit einem Metallgegenstand gegen den Kopf. Bewusstlos sank ich zu Boden.

Als ich wieder zu mir kam, lag ich in einem Bett. Langsam öffnete ich die Augen und konnte ein paar Gesichter erkennen. Eine Krankenschwester erzählte mir, dass ich in Ohnmacht gefallen und ins Krankenhaus gebracht worden sei. Seit zwei Tagen würde ich nun hier liegen. Dann kam ein Arzt und sagte: „Heute sollten wir noch nicht miteinander sprechen, sondern du solltest etwas essen und nicht so viel darüber nachdenken, was passiert ist. Morgen werden wir miteinander reden. Du bist jetzt hier und konzentrierst dich am besten auf die Gegenwart." Es war schon fast zwei Uhr nachmittags und die Sonne schien. Aus dem Fenster des Zimmers hatte man eine wundervolle Aussicht. Ein Fluss bahnte sich seinen

Weg bis zum Stadtzentrum und dazwischen standen Bäume in allen Formen und Farben. Ich war sehr müde und schlief bald wieder ein. Am nächsten Morgen, als ich aufwachte, sprach der Arzt noch kurz mit mir, dann wurde ich entlassen.

Zurück in der Unterkunft beschwerte ich mich bei der Leiterin, aber die Angelegenheit ging nicht über eine Verwarnung an die Person hinaus, die mich angegriffen hatte. Sie rief nicht einmal die Polizei. Weil ich mich im Haus nicht sicher fühlte, verbrachte ich den Ramadan bei deutschen Freunden, die mich in ihrem Haus mit Herzlichkeit begrüßten.

Wenn ich mein Leben so führe, wie mir es richtig erscheint, reicht das aus, um Gläubige zu provozieren. Ich lebe mit den Menschen, vor denen ich geflohen bin, in derselben Unterkunft. Und dieses Problem haben alle Geflüchteten, die sich von traditionellen Vorstellungen emanzipiert haben.

Nach Ende des Ramadans ging ich zurück in die Unterkunft. Am zweiten Tag saß ich vor dem Haus und sah einigen jungen Leuten beim Fußballspielen zu. Ich bemerkte ein paar neue Gesichter darunter, vermutlich Araber. Ich saß bis zum Sonnenuntergang draußen und ging dann in mein Zimmer. Nach Mitternacht, etwa 2:30 Uhr, schien jemand gegen die Tür zu treten und sie aufbrechen zu wollen. Ich stellte mich hinter die Tür und versuchte, ihn daran zu hindern. Doch die Tür hielt der Gewalt nur wenige Augenblicke stand, und sofort griff er mich mit einem Messer an. Ich schrie, so laut ich konnte, um Hilfe. Ich versuchte, mich zu verteidigen und seinen Angriffen auszuweichen, doch er verletzte mich dreimal mit dem Messer. Es dauerte einige Minuten, bis ein junger Kurde eingriff und ihn festhielt. Ich hatte jedoch das Gefühl, es hätte eine Ewigkeit gedauert.

Es ist schwer zu beschreiben, wie man sich in einem Moment fühlt, in dem man um sein Leben kämpft. Die Todesangst verleiht dir Stärke, nicht der Mut, sondern nur die Angst. Nach ein paar Minuten kam der Sicherheitsdienst und rief die Polizei. Ich stand unter Schock und fühlte nicht, was um mich herum geschah. Selbst als die Polizei kam und mich befragte, war ich in einem schrecklichen Geisteszustand. Ich sagte ihnen, dass es kein Problem zwischen uns gäbe. Ich hätte ihm lediglich vor ein paar Tagen gesagt, dass ich Atheist sei. Das allein führte dazu, dass er mich wie zuvor schon jetzt wieder angegriffen hätte. Nach dem Gespräch mit mir nahm die Polizei den Angreifer fest.

Zwei Tage später wurde er jedoch wieder freigelassen. Ich sagte zu der Einrichtungsleiterin: „Wie kann er freigelassen werden, obwohl er versucht hat, mich zu töten?“

Sie antwortete: „Habe keine Angst, er wird dich nicht wiedersehen.“

Ich sagte: „Ich habe kein Vertrauen mehr in Ihre Versprechungen. Ich möchte hier raus, weil ich mich hier nicht mehr sicher fühle.“

Trotz aller Beweise war es nicht einfach herauszukommen. Ich kontaktierte einige meiner Freunde. Ich sagte ihnen, dass ich Hilfe bräuchte, und einer von ihnen empfahl mir die Menschenrechtlerin Rana Ahmad. Als ich sie ansprach, empfing sie mich mit offenen Armen. Sie erzählte mir, es gäbe eine große Konferenz in Berlin, auf der Atheisten ihre Geschichten erzählen und offen miteinander diskutieren würden. „Möchtest du daran teilnehmen?“, fragte sie mich. Über die Antwort brauchte ich nicht lange nachzudenken.

Mein erster öffentlicher Auftritt in Deutschland

Ich fing an, mich auf die Veranstaltung vorzubereiten. Die Fahrt von der Unterkunft, in der ich lebte, bis nach Berlin dauerte circa zwei Stunden. Um 11 Uhr morgens kam ich in Berlin an. Als ich durch die Straßen lief, war alles, was ich sah, so ganz anders, als das, was ich bisher gesehen hatte. Bloß die Reste der Berliner Mauer und eine unverkennbare Linie auf der Straße erinnerten daran, dass die Menschen einmal durch eine Mauer voneinander getrennt waren. Dietmar und Stefan von der *Säkularen Flüchtlingshilfe* warteten in einem Café bereits auf mich.

Ich werde niemals vergessen, wie freundlich sie mich empfingen. Mir kam es vor, als würden wir uns schon lange kennen. Einer der beiden sagte mir, ich könne mir bestellen, was ich wolle. So bestellte ich Kaffee. Dietmar und ich fingen an, uns zu unterhalten. Nach einigen Minuten kam Stefan mit dem Kaffee und sehr leckerem Gebäck zurück. Er sagte zu mir: „Weißt du schon, dass Hamed Abdel-Samad, der berühmte Kritiker und Schriftsteller, mit dir auf dem Podium sein wird?“

„Das ist eine große Sache, diese Veranstaltung“, erwiderte ich. Stefan erzählte mir außerdem, dass wir einen Vortrag von Richard Dawkins besuchen und ihn danach sogar persönlich treffen würden. Damit ging für mich ein großer Traum in Erfüllung. Denn Richard Dawkins' Buch

Der Gotteswahn hatte einen großen Beitrag dazu geleistet, dass ich mich geistig befreien konnte.

Die Konferenz war eine mehrtägige, von mehreren Organisationen in Berlin durchgeführte Veranstaltung zum Thema Menschenrechte, auf der Prominente und Wissenschaftler Vorträge hielten. Darunter waren Mina Ahadi, Michael Shermer und Michael Schmidt-Salomon. Ich habe an den letzten beiden Tagen teilgenommen. Am dritten Tag war ein zweistündiger Vortrag von Richard Dawkins und Michael Shermer. Nach dem Vortrag lernte ich Richard Dawkins persönlich kennen. Das war ein sehr wichtiger Moment für mich.

Die Konferenz gab mir außerdem die Gelegenheit, meinen Freund, den marokkanisch-schweizerischen Aktivisten Qassem Al-Ghazali, zu treffen. Uns vereint unser Einsatz für Freiheit und Menschenrechte – und wir stoßen dabei auf dieselben Schwierigkeiten. Wir gingen zusammen in das Restaurant, in dem auch die anderen Konferenzteilnehmer saßen. Beim Abendessen unterhielten wir uns mit Menschenrechtsaktivisten, von denen die meisten nichts über Mauretanien wussten. Das hat mich sehr traurig gemacht. Am letzten Tag der Konferenz habe ich über meine Erfahrungen mit vielen Aktivisten aus verschiedenen Ländern gesprochen. Nachdem die Konferenz beendet war, zog ich in eine eigene Wohnung an einem sicheren Ort. Ohne die großen Anstrengungen von Rana Ahmad und Stefan Paintner vom Verein *Säkulare Flüchtlingshilfe* wäre ich aus der Gemeinschaftsunterkunft nicht herausgekommen.

Mein Leben am Rhein

Ich bin im Dezember in der neuen Stadt angekommen, kurz vor den Weihnachtsferien. Also verbrachte ich Silvester mit meiner Freundin Angelica. Es war eine Zeit voller Glück. Sie hat mir beigebracht, wie man deutsches Essen kocht und ich habe viel mit ihren beiden Hunden gespielt, die ich sehr liebe. Diese Tage waren der Beginn eines neuen Jahres mit einer klaren Mission. Ich wollte mehr über Deutschland erfahren. Deshalb habe angefangen, mich auf mein Studium vorzubereiten. Das Ziel war die Promotion. Ich kannte den Weg zu meinem Ziel und wusste, dass es nicht einfach sein wird. Ich musste viel Zeit und Mühe investieren, das war mir klar.

In dem Viertel, in das ich zog, gab es viele Leute arabischer Herkunft. Das machte mir Angst. Ich hatte mich Fremden gegenüber noch nie so schuldig gefühlt wie dort – „schuldig", anders leben zu wollen, als sie es von jemandem wie mir erwarteten. In der Stadt lebte ein Freund, der mir riet, mich beim Schreiben weiterhin auf den Islamismus zu konzentrieren. Für mich als ehemaligen Muslim mit persönlichem Bezug zum Islam und zur arabischen Sprache wäre es ein sehr interessantes Gebiet, sagte er. Einige Tage später veröffentlichte ich einen Artikel beim *Humanistischen Pressedienst*, der vor der Gefahr von Extremisten innerhalb der Europäischen Union und insbesondere in Deutschland warnte. Mein Freund bedankte sich für den interessanten Artikel. Doch mir wurde in diesem Moment klar, dass jede Veröffentlichung über islamischen Extremismus eine Gefahr für mich darstellt. Denn die religiösen Extremisten bleiben von den Sicherheitsbehörden weitgehend unbehelligt und benutzen mafiöse Methoden, um ihre Feinde loszuwerden.

Die Zeit in den Flüchtlingsunterkünften hatte bei mir ein psychisches Trauma verursacht. Das Leben in der neuen Stadt war für mich wie ein Neuanfang. Ich fühlte mich stabil und beruhigt. Zum ersten Mal hatte ich das Gefühl, tatsächlich in Deutschland zu leben. Im ersten Monat an dem neuen Ort bin ich nicht durch die Stadt gegangen. Ich hatte Angst und das Gefühl, als würde ich aus der Ferne beobachtet. Es war ein sehr bedrückendes Gefühl. Nachts wachte ich oft auf, aufgeschreckt von Albträumen. Ich träumte immer, dass jemand versuchte, in das Haus einzubrechen. Doch langsam fing ich wieder an rauszugehen, Freundschaften zu schließen und die deutsche Gesellschaft kennenzulernen. Die Stadt bot mir viele Möglichkeiten, in die Literaturszene einzutauchen, was mir half, mehrere kurze Texte zu veröffentlichen und auch an einigen literarischen Seminaren teilzunehmen. Oft machte ich Spaziergänge durch die Stadt. Auf den Gehwegen der Straßen sind Hunderte von Bäumen unterschiedlicher Größe und Farbe zu sehen. Jedes Gebäude der Stadt ist ein besonderer Ort voller Geschichte, und die Parks sind wie kleine Oasen in einem Netz von Straßen.

Eine Sache, die meinen Morgen erhellt – abgesehen von den guten Menschen, die in mein Leben getreten sind –, ist in einem Café mit Blick auf den Rhein zu sitzen. Eine Kellnerin stellt mir eine Tasse Cappuccino mit einem Keks in Herzform auf den Tisch. Dann beobachte ich aus der Vogelperspektive, was am Ufer des Flusses vor sich geht. Die Leute laufen hin und her, einige fahren Rad. Es gibt Touristen, die Fotos machen und auf ihren

Stadtplan schauen. Auf den Wiesen führen junge Frauen ihre kleinen Hunde spazieren. „Was für ein tolles Land!“, sagte ich mir. Alle Stadtviertel sind wunderschön. Sogar die kleinen Dörfer in der Nähe sind sehr interessant.

Ich erhielt einen Anruf von meiner Schwester und sagte ihr, dass ich jetzt ein Fan von vegetarischem Essen sei. „Ich werde dir Bilder von gestern Abend schicken, als ich bei meiner Freundin Mariana war, eine tolle Frau!“ Mariana lud mich am Vorabend zum Essen ein und ich war darüber immer noch froh. Wir hörten Jazz von Ray Charles und anderen Interpreten. Sie lächelte, als sie das Essen auf den Tisch stellte. Wir setzten uns und lauschten den schönen Jazz-Melodien. Nach dem Essen verabschiedete ich mich von Mariana und machte mich auf den Heimweg. In dem Viertel gab es viele Straßencafés und Menschen verschiedenster Herkunft waren unterwegs. In dieser Stadt vergisst man oft in Deutschland zu sein, so bunt sind die Menschen dort.

Ich nahm die Metro und stieg nach sechs Stationen aus. Am Eingang der U-Bahnstation steht ein sehr großer Baum, der seinen Schatten auf einen Platz wirft. Neben dem kleinen Platz gibt es eine Vielzahl von Geschäften, Cafés und italienischen, arabischen, türkischen, russischen und asiatischen Restaurants. Auf der Straße hörte ich Leute Italienisch sprechen. Ein Stück weiter sprach ein Mann Arabisch. Seine Frau lief neben ihm her und führte ihre Kinder an der Hand. Ich war nur wenige Meter von ihnen entfernt und so hallte jedes Wort ihres Gesprächs tief in mir nach wie der Klang einer Glocke, und mir wurde etwas mulmig zumute. Ich weiß nicht, warum ich mich in diesem Moment so fühlte. Ich erreichte meine Wohnung. Bevor ich die Tür des Hauptgebäudes öffnete, warf ich einen Blick zurück, um sicherzustellen, dass ich nicht beobachtet wurde und mir niemand gefolgt war.

In meiner Wohnung setzte ich mich auf das weiße Sofa in der Mitte des Zimmers. Nach ein paar Minuten rief mich eine Freundin an und sagte, dass sie am nächsten Tag mit ein paar Freunden ins Museum für Menschheitsgeschichte in einem Ort bei Wuppertal gehen würde und dass ich auch eingeladen sei. Ich habe sofort zugestimmt, weil ich sehr wissensdurstig bin und gerne in Museen gehe. Wir hatten uns für den nächsten Tag morgens in der Innenstadt verabredet und fuhren mit einem Kleinbus zum Museum. Es war ein ganz besonderer Tag. Wir parkten am Eingang des Naturschutzgebiets, welches das Museum umgibt. Zunächst gingen wir im Wald spazieren, dann aßen wir in einem Restaurant in der Nähe zu Mittag und schließlich betraten wir das Museum. Überall waren Figuren und Schädel von Neandertalern ausgestellt. Es war sehr aufregend für mich. Denn in Mauretanien gibt es keine Museen, in denen die Evolution dargestellt wird, und zudem fand ich die Präsentation sehr beeindruckend. Es war als wäre ich auf einer Zeitreise. Nach dem Rundgang tranken wir noch einen Kaffee zusammen und machten uns auf den Heimweg.

Zu Hause erhielt ich eine Email mit einer Einladung zu einem Literatursymposium in Kooperation mit dem Literaturhaus und dem Schriftstellerclub Köln. Ich entschied mich, einen kurzen Text aus meinem im Entstehen begriffenen Buch dazu beizutragen. Ich wurde an Dr. Roberto de Bella von der Universität Köln vermittelt, der mir bei der Vorbereitung auf die Veranstaltung sehr geholfen hat und mich dorthin begleitete. Als wir zum Symposium gingen und das Gebäude betraten, kamen wir in einen Raum, der voller Buchregale war und an dessen Wänden Gemälde hingen. Im hinteren Teil des Raums erhob sich ein junger Mann von seinem Stuhl. Er drehte sich zu uns um und sagte: „Guten Abend!“ Dann begann er, uns die

Gemälde an den Wänden zu erklären und etwas über die Stadt zu erzählen. Er war sehr nett, und wir haben uns die Bilder so genau wie möglich angeschaut. Ich war fasziniert von den Farben und der Art, wie sie sich vermischen.

Es war der erste sonnige Frühlingstag des Jahres, und Picknickdecken waren in den Parks der Stadt verstreut. Roberto de Bella und ich saßen in der kurzen Mittagspause am Rheinufer. Das Wetter und die Stimmung waren gut, und der Hunger war groß. Ich öffnete meine Tasche und holte eine Brotdose heraus. Am Vortag hatte ich Fisch auf mauretanische Art gekocht. Auf dem Fluss fuhren Schiffe. Ich folgte ihrer Bahn und freute mich darüber.

Als ich von der Veranstaltung zurückkam, hatte ich das Gefühl, dass ich hier länger bleiben könnte. Ich begann, meine neue Wohnung einzurichten und Dinge zu kaufen, die ich brauchte. An der Wand des Wohnzimmers hängt jetzt eine Zeichnung von schwarzen Flügeln. Jedes Mal, wenn ich sie ansehe, fühle ich mich glücklich. Es gibt Dinge, von denen ich nie gedacht hätte, dass ich sie jemandem erzählen würde. Schmerzhafte Erinnerungen gehören zum Beispiel dazu. Tatsächlich verfolgen mich meine Erinnerungen lange Zeit. Da Erinnerungen bekanntlich nicht so leicht vergessen werden können, ist es kein Wunder, dass ich auch jetzt wieder an sie denken muss.

Es kam der Moment, an dem ich anfing, Deutsch zu lernen. Ich musste mich anfangs sehr konzentrieren, die Wörter richtig auszusprechen. Aber nach ein, zwei Monaten wurde es einfacher und meine Aussprache mit Hilfe von Onlinekursen besser. Einige Wörter waren besonders schwer, weil sie aus mehreren zusammengesetzt sind. Aber das stellte eine Herausforderung dar und hat mich motiviert.

Ich habe nachts nach wie vor schlecht geschlafen. Einmal träumte ich von einer Person, die in einem weißen Anzug am anderen Rheinufer steht und sagt: „Ich komme zu dir.“ Es kam mir so echt vor, dass ich verängstigt aufwachte. Es war ein Dienstagmorgen. Ich war wie benommen und musste mich eine Weile orientieren, bis ich merkte, dass ich auf dem Bett in meiner Wohnung lag. Es war stickig im Zimmer. Vom Fenster aus betrachtete ich die morgendliche Ruhe der Stadt und die hellen Sterne am Himmel. Ein bisschen frische Luft würde mir sicher gut tun, dachte ich, und stand aus dem Bett auf, um draußen spazieren zu gehen. Aber weil es noch dunkel war, kam ich von der Idee ab. Die immer wiederkehrenden Albträume beunruhigten mich.

Einige Tage später nahm ich an einer Lesung des Schriftstellerclubs in Köln teil, bei der Texte von Schriftstellern aus verschiedenen Ländern gesammelt wurden. Viele der Gäste lieferten hauptsächlich Texte aus ihren Büchern. Da ich der einzige war, dessen Buch noch nicht veröffentlicht war, habe ich einen Text mit dem Titel *Der Ungläubige* vorgelesen. Er thematisiert die Suche nach einer selbstgewählten Identität und die damit verbundenen Entscheidungen. Es war für mich ein besonderes Erlebnis, meine eigenen Erfahrungen danach zu diskutieren.

In meinem Leben musste ich oft wieder bei null anfangen. Die Gefühle, die ein solcher Neuanfang jeweils bei mir hinterlassen hat, sind unterschiedlich. Ich war dankbar für die Zeit, manchmal traurig, manchmal wütend, manchmal ein wenig frustriert, manchmal verwirrt aufgrund meiner Erfahrungen. Eins ist jedoch immer gleich geblieben: die Tatsache, dass ich anderer Meinung bin. Egal wie ein Neubeginn endete, wusste ich immer, warum ich mich dafür entschieden hatte. Es hat mich beschäftigt, dass sich diese Stärke im Laufe der Zeit in mir entwickelt hat. Ich wollte ein positives Ende für etwas finden, das mich seit mehr als zwei Jahren beschäftigt und mein Buch immer weiter vorangetrieben hat. In den grundlegenden Fragen meines Lebens wie in denen unserer Zeit.

Ungefähr einen Monat, bevor das Manuskript an den Verlag übergeben wurde, reiste ich zu einem Freund in einen anderen Landkreis, um das Wochenende mit ihm zu verbringen. Wir diskutierten über das Buch und über die vielen Details, die noch fehlten, um es fertig zu stellen. Einige Details kann ich nicht erwähnen, da es das Leben von Menschen gefährden würde. Es ist kein Zufall, dass Nicht-Gläubige mit arabischem Hintergrund in Deutschland das Gleiche erleben und erleiden wie in ihrer Heimat. Sie kommen hierher und sind dem gleichen Hass, der gleichen Gewalt, der gleichen Verfolgung, der gleichen Diskriminierung ausgesetzt. Man sollte daraus Konsequenzen ziehen. Doch Übergriffe, die in Deutschland erfolgen, werden von den Behörden überwiegend ignoriert. Man spricht von „Rechtsstaatlichkeit“ oder „Einzelfällen“ und übersieht dabei immer wieder, dass hinter den Hassattacken ein System steht.

In Bonn traf ich regelmäßig ein paar Freunde in einem Café am Rheinufer. Wir lebten alle im Exil und kamen aus verschiedenen Ländern. In dem Café fühlten wir uns wie zu Hause, denn hier konnten wir unsere Gedanken teilen und über unsere Überzeugungen diskutieren. Das war für uns das Kostbarste, was es gibt. Das Café zu betreten, war wie eine Reise durch Erinnerungen.

Wenn man Menschen in drei Gruppen einteilen würde, eine Gruppe, die nur aus dem Körper besteht, eine Gruppe aus Körper und Seele und eine, die nur aus einer Seele besteht, würde mein Freund Khalid zur dritten Kategorie gehören. Jedes Mal spürte ich die Anwesenheit eines Revolutionärs. Er war ein rebellischer Typ, ein wandelnder

Geist. Ich traf ihn, um mich mit positiver Energie aufzuladen, die in meiner Seele erloschen war. Leute, die trotz des Schmerzes noch voller Hoffnung sind, trifft man nur selten. Oft fuhren wir nach Köln, und es war eine Reise in eine Stadt, in der jeder Pflasterstein geschichtsträchtig ist. Wir liefen durch die kleinen Gassen der Altstadt und saßen dann immer auf einem Platz mit einem Brunnen in der Mitte. Ein paar Statuen waren dort in den Stein gehauen. Und über alles ragte der Kölner Dom. Diese Kathedrale ist ein überwältigender gotischer Bau. Immer wenn ich nach Köln fuhr, war ich voller Vorfreude. Die ersten Male erkundeten wir die Stadt, den Kölner Dom, das Museum Ludwig und die ganzen alten Häuser. Wir alle wussten, was wir geopfert hatten, um hier sein zu können.

An einem Wochenende rief mich mein Freund Gregor an und lud mich ein, ihn in Düsseldorf zu besuchen. Ich kam am Düsseldorfer Hauptbahnhof an und fuhr von dort aus mit der U-Bahn in die Innenstadt, wo ich seine Familie in einem Restaurant traf und eine Tasse Kaffee bestellte. Das Gespräch mit ihnen war interessant und wir aßen zu Mittag. Danach gingen wir eine Stunde am Rheinufer entlang und machten ein paar Erinnerungsfotos. Anschließend gingen seine Eltern und ich blieb mit Gregor in der Stadt, wo er mir die alten Gebäude und einige Statuen zeigte.

Nachdem wir lange durch die Stadt gelaufen waren, hatten wir Hunger und gingen in eine Pizzeria. Dort gaben wir unsere Bestellung auf und setzten uns zum Essen hin. Ein Mann in den Dreißigern saß mir gegenüber mit einem 10-jährigen Jungen und einem 13-jährigen Mädchen am Tisch und sprach auf Arabisch mit seiner Tochter. Er sagte ihr, dass sie keine Röhrenjeans tragen solle. Außerdem solle sie ihren Kopf mit einem Hijab bedecken, damit Gott sie liebt. Ich sagte zu Gregor: „Siehst du diesen Mann hinter dir am Tisch sitzen, er kommt aus Tunesien und redet auf seine Tochter ein, dass sie sich angemessen verhalten soll.“ Gregor ist immer erstaunt darüber, wie ich von allen arabischen Menschen anhand ihres Dialektes die genaue Herkunft bestimmen kann.

Nachricht von Unbekannt

Ich verbrachte nach wie vor viel Zeit alleine in meiner Wohnung und las sehr viel. Dabei lernte ich die Schriften einer deutschen Autorin und Aktivistin kennen, die wie ich verfolgt wurde, bis sie während der Hitler-Herrschaft aus ihrer Heimat Deutschland floh. Als sie erst in Frankreich und später in den USA im Exil lebte, kämpfte sie weiter gegen die Unterdrückung. Ihr Name ist Hannah Arendt. Sie interessierte sich sehr für die Veränderung der Gesellschaft und analysierte, wie Hitler die staatlichen Institutionen gleichschaltete und es ihm so gelang, die Meinungen der Menschen zu manipulieren. Alles, was geschrieben und gesagt wurde, stand unter Kontrolle und wurde wenn nötig zensiert. Ich fand viele Parallelen zu meinem Land, während ich mich mit ihren Texten beschäftigte. In Mauretanien kann jeder wegen eines Wortes, Fotos, einer Zeichnung, eines Artikels, eines Tweets auf Twitter oder eines Posts auf Facebook festgenommen werden. Indem sie jede Abweichung bestrafen, zerstören solche Systeme die Menschlichkeit und die Privatsphäre. Sie wollen eine homogene Gesellschaft ohne Individualität, wie Hannah Arendt es formulierte.

Eines Tages empfing ich eine Nachricht über ein soziales Netzwerk. Jemand erzählte mir, er habe auf dem Dorfplatz 80 Peitschenhiebe bekommen und sei eine Woche lang an eine Holzstange angebunden gewesen. Der Imam des Dorfes meinte, dass er den Koran in Frage gestellt hätte. Aber er habe nur gefragt, warum Gott keinen Regen schickt, obwohl alle Leute des Dorfes jeden Tag zu ihm beten. Er schloss seine Botschaft mit den Worten, er könne nichts tun und jeden Moment sterben, da er in dieser ungerechten Welt keinen Wert habe. Er wolle nur, dass ich wisse, dass ich nicht allein sei. Diese Worte waren so rührend und schmerzhaft, dass ich anfing, still zu weinen.

Ich erinnerte mich an den Satz eines Freundes, der sagte, dass die religiösen Sicherheitsinstitutionen das einzige seien, was in autoritären Staaten wie Mauretanien effektiv funktionieren würde.

Drei Jahre war es nun her, seit ich begonnen hatte, mich öffentlich für die Rechte verfolgter Minderheiten in Mauretanien einzusetzen. Vom Moment meiner Geburt an bis zu diesem Moment liegt eine schreckliche Zeit. Doch was mich antreibt, den Kampf weiter fortzusetzen, ist nicht nur das, was ich durch Verfolgung und Unterdrückung erfahren habe. Ich bin einer der wenigen Menschen, die durch ihre Kontakte die Möglichkeit haben, der Welt über das Leiden von Menschen wie mir in Mauretanien zu berichten. Ich werde deren Stimme in allen Seminaren und auf allen Konferenzen sein. Ich werde der Welt sagen, dass es Menschen gibt, die unendliches Leid erfahren haben und denen alles geraubt wurde. Ich werde erklären, dass den Opfern unter den aktuellen Umständen nichts bleibt, als es stillschweigend zu ertragen.

Ein Name mit Gewicht

Ich hatte einen Termin und musste dafür aufs Ausländeramt. Dort traf ich einen Syrer und als wir im Korridor warteten, fragte er mich: „Wie lange bist du schon in Deutschland?“

„Ich bin 2018 hierher gekommen“, antwortete ich ihm.

Er sprach über die Diktatur in Syrien und anderen arabischen Ländern. Wir diskutierten über verschiedene Themen der arabischen Welt. Und wie es für Araber üblich ist, über viele Themen gleichzeitig. Ich sagte zu ihm: „Wir alle sind vor der Diktatur geflohen. Du bist geflohen, weil das Regime von Bashar Al-Assad jeden tötet und einsperrt, der sich ihm widersetzt. Ich bin aus meinem Land geflohen, weil es jeden tötet, der seine Religion ändert.“

Er erwiderte: „Ich habe kein Problem mit Nicht-Muslimen, solange sie nicht über meine Religion sprechen.“ Dann fragte er mich nach meinem Namen und ich antwortete mit meinem offiziellen Namen, Muhammad.

„Was?“, fragte er, sichtlich erschüttert. „Wenn du Muhammad heißt, dann *bist* du ein Muslim. Alles andere ist gegen die Wahrheit. Wenn du ein Apostat bist, muss dir der Kopf abgeschnitten werden. So ist das Gesetz. Die islamische Scharia sagt das.“

Ich sah ihn an und war richtig schockiert. Er fuhr fort: „Das ist Abfall vom Glauben. Du lässt meine Religion schlecht aussehen. Dein heiliger Name wurde entstellt und du beleidigst den Islam mit damit!“

Ich sagte: „Ich habe mir weder meinen Namen ausgesucht noch, dass ich aus einer muslimischen Familie stamme."

Er antwortete: „Weißt du, ich rede mit allen und respektiere sie, solange sie meine Religion nicht beleidigen. Aber dich kann ich nicht respektieren, weil du meine Religion nicht respektiert hast. Vor Atheisten habe ich genau wie vor Juden und Ungläubigen keinen Respekt."

Sind mein Atheismus und mein Name Muhammad etwas Beleidigendes für den Islam? Einige Muslime versuchen, die Abtrünnigen und Kritiker mit Gewalt und Drohungen auch innerhalb Deutschlands zum Schweigen zu bringen. Ist die Kritik an den Religionen nicht ein Grundrecht in europäischen Ländern? Wegen meiner Erfahrungen mit dem Islam weiß ich, dass viele Aspekte des islamischen Rechts die Menschenwürde und grundlegende Menschenrechte verletzen. Aufgrund des islamischen Rechts werden Atheisten, Homosexuelle und säkulare Menschen in Mauretanien zum Tode verurteilt. Aufgrund des islamischen Rechts verlor ich meine Nationalität. Aufgrund des islamischen Rechts gibt es immer noch Sklaverei. Und niemand kann Einwände erheben und einfach sagen, dass all das nicht mit der Allgemeinen Erklärung der Menschenrechte vereinbar ist, denn das zöge sofort Repressionen nach sich. Muss man das alles akzeptieren, weil einem sonst Islamophobie vorgeworfen wird oder, dass man ein Nazi sei? Wo sind *meine* Bürgerrechte und Freiheiten? Ich bin nicht aus einem islamischen Land geflohen, um meine Meinungsfreiheit in Deutschland zu verlieren. Wie geht man ein Problem an, wenn man es nicht einmal wagen darf, es ein Problem zu nennen? Ich musste vor der Unterdrückung, Verfolgung und Todesdrohung durch Islamisten aus Mauretanien fliehen und ich hätte nie gedacht, dass ich hier in Europa gegen den Islamismus kämpfen muss, um in Freiheit leben zu können. Glücklicherweise gibt es immer noch Menschen, die aus der Lüge erwachen, dass der Islam die Glaubensfreiheit respektiere.

Brief an meine Mutter

An einem Herbsttag schien mir durch das offene Fenster die Sonne ins Gesicht. Die Strahlen wanderten von dem Sofa, auf dem ich lag, hinweg über den Tisch und die Papiere, die auf dem Boden verteilt waren. Durch das Fenster blies eine kühle Brise. Von draußen hörte ich die Blätter, die raschelten, als würden sie im Wind tanzen. Ich ging an den Tisch und versuchte, an meinem Text weiterzuarbeiten. Doch in mir stellte sich etwas quer und ich legte den Stift wieder beiseite. Als ich aus dem Fenster guckte, gingen mir einige Dinge durch den Kopf. Ich dachte, im Grunde ist Schreiben nichts anderes, als wenn man blutet. Vor allem wenn man über Gewalt, Verfolgung, Diskriminierung und menschliche Grausamkeit schreibt. Ich überflog meine Texte und es stimmte mich etwas stutzig. Warum ist mein Blut so stark geflossen? Wieso wurde ich von meinen Verfolgern, die erst aufhören, wenn sie mich umgebracht haben, so stark verletzt? Ich darf keine Zeit mehr verschwenden, dachte ich und muss mein Buch so schnell wie möglich fertigschreiben und veröffentlichen. Sie könnten mich jeden Moment umbringen und dann wäre es zu spät. Die letzten Male konnte ich dem Tod entkommen, doch ob ich wieder so viel Glück haben werde, weiß ich nicht.

Ich machte mir in aller Ruhe einen Kaffee auf arabische Art, dann lief ich durch die stillen, leeren Straßen der Stadt. In einem Park setzte ich mich auf eine Bank und guckte auf den Rhein. Nach einer Stunde ging ich zurück nach Hause, mit dem festen Willen weiterzuschreiben. Ich lief ins Badezimmer, zog mich aus und nahm eine Dusche. Während das warme Wasser über meinen Kopf floss, wünschte ich mir, dass alle Gedanken, die mich vom Schreiben abhielten, einfach weggespült werden würden. Dann könnte ich den Stift über das Papier gleiten lassen und meine schmerzhaften Erinnerungen für immer festhalten. Es war, als würde ich versuchen, einen Teil von mir aufzuwecken, den ich nicht aufwecken wollte.

Ich erinnerte mich daran, dass „Raum 101" eine Folterkammer ist und dieser Ausdruck von George Orwells Roman *1984* inspiriert wurde.

Es ist ein Ort, an dem Menschen von ihren Ängsten gequält werden und die Widerstandsfähigkeit verlieren. Am Ende werden sie an Personen übergeben, die mit der herrschenden Autorität im Staat (den Behörden der Staatssicherheit, des Geheimdienstes oder den religiösen Behörden, also den religiösen Scheichen) zufrieden sind.

Mauretanien ist wie andere Länder, die von einer Allianz aus Militär und religiösem Establishment regiert werden. Es ist zu einem großen Gefängnis geworden, in dem Menschen mit der Gewalt des Gesetzes gefoltert werden, und es ist anstrengend, über das Gefängnis zu schreiben. Besonders für diejenigen, die darin saßen.

Ich stieg aus der Dusche, trocknete mich ab und setzte mich erneut an den Tisch. Dann fing ich an zu schreiben.

Ernest Legouvé sagte einmal, die Mutter sei die einzige Göttin, die keine Atheisten hervorbringt. Ich denke heutzutage viel an dich, Mama. Ich bin im Exil zuhause, aber warum? Weil Entfremdung für Menschen, die wie ich sind, gleichzeitig Heimat und Exil ist. Ich versuche mich vor Erinnerungen und Sehnsucht zu schützen. Doch die

Erinnerung an dich beschäftigt heute meine Gedanken. Oh, wie unfähig ich doch bin. Fünf Tage lang habe ich dieses Blatt angeschaut und kann doch nichts über dich schreiben! Jeden Tag schreibe ich zwei oder drei Wörter. Habe ich keine Worte mehr? Ich glaube, ich kann viel über dich sagen, aber ich kann nicht über dich schreiben. Glaubst du das? Fragen, Fragen, viele Fragen, die sich in meinem Kopf drehen. Sie alle drehen sich um dich. Heute ist der neunzehnte Tag, an dem ich angefangen habe, diese Zeilen zu schreiben. Wie geht es dir, Mama? Ich weiß nicht, warum ich jemandem, der in diesem Leben nicht mehr bei mir ist, eine solche Frage stellen würde. Ich weiß nicht, wieso. Vielleicht ist es die Sehnsucht, die uns dazu bringt, die Regeln von Zeit und Raum zu überschreiten. Ich weiß nicht, warum ich diesen Brief für dich schreibe, denn du wirst ihn nicht lesen. Schreibe ich gerade mir selbst? Wahrscheinlich.

Meine Zukunft in Deutschland

Ich veröffentlichte Texte und hatte Auftritte, um Rechte für Atheisten, Nicht-Religiöse, Homosexuelle und andere Minderheiten in der Mauretanischen Republik zu fordern. Das führte zu immer wiederkehrenden Todesdrohungen, um mich still zu schalten. Jetzt lebe ich in Deutschland, doch meine Adresse muss ich geheim halten. Wissen Sie was das bedeutet? Meine persönliche Freiheit ist in einem freien Land weiter eingeschränkt, weil ich immer noch von religiösen Menschen unterdrückt werde. Ich bin ständig besorgt und habe Angst. Bevor ich meine Haustüre öffne, gucke ich vorher hunderte Male in alle Richtungen, nur um sicher zu gehen, dass mir niemand folgt. Ich lebe im Moment an einem unbekannten Ort in Deutschland und stehe unter Polizeischutz. Ich könnte mich den Drohungen beugen, doch damit würde ich all meinen Selbstrespekt verlieren. Denn so zu leben, wäre schlimmer als zu sterben.

Was für eine Zukunft steht mir bevor, wenn es so weitergeht? Wird es mir gelingen, mit anderen über meine Erfahrungen sprechen? Und was für ein Leben habe ich überhaupt geführt? Ein Leben ohne Alternative. Ich führe einen Kampf, der durch Schweigen und Selbstbetrug nicht gewonnen werden kann. Unser Feind sind die aktuellen Zustände. Wir können sie nur bezwingen, wenn wir uns ihnen entgegenstellen. Darum habe ich beschlossen, an einen Ort zu gehen, an dem ich ohne Sorge vor Unterdrückung, Gefangennahme oder Mord Kritik üben kann. Ich hatte es alles so satt und war es leid, mich andauernd verstellen zu müssen, um mich den anderen anzupassen.

Immer musste ich die Rolle des engagierten Gemeindemitglieds spielen, das die Befehle im Namen des Islam befolgt. Nur wenn ich alleine war, konnte ich wirklich ich selbst sein. Ich habe mich gefragt, wohin das alles führen soll. Manchmal treffen wir eine Entscheidung und riskieren dafür sogar unser Leben, weil Freiheit jeden Preis wert ist. Die Gesetze der islamischen Scharia hielten mich davon ab, meine Gedanken kundzutun. Mir reichte es irgendwann. Ich wollte endlich ehrlich zu mir selbst sein. Ich entschied mich allein zu sein, anstatt mich mit anderen zu treffen. Ich wollte an einen Ort gehen, an dem ich ich selbst sein kann, und verspürte eine große Sehnsucht nach Freiheit.

Dann kam ich nach Deutschland. Hier kann ich meine Meinung frei äußern. Doch meine Meinungsfreiheit ist immer noch eingeschränkt. Oft werde ich gefragt, warum ich das islamische Gesetz und islamische Schriften kritisiere. Mir wird vorgeworfen, diese Religion mit meinen Worten zu diffamieren. Man beschuldigt mich des Rassismus gegenüber dem Islam, weil ich die Schattenseiten aufzeige. Sie erwarten von mir, über mein Wissen und meine Erfahrung als ehemaliger Muslim hinwegzusehen. Ich hoffe zu erreichen, dass Muslime ihr unmenschliches Verhalten gegenüber Ex-Muslimen eines Tages ablegen. Meine Überzeugung ist es, dass Menschenrechte für Alle ein Muss sind. Immer noch schweben ehemalige Muslime in Gefahr und werden unterdrückt.

Gegen Muslime oder Anhänger anderer Religionen verspüre ich keinen Hass. Ich sehe religiöse Texte aufgrund ihrer Mehrdeutigkeit als problematisch an. Denn Gläubige mit Gewalt- und Mordabsichten gegen Muslime, die nicht fundamentalistischen Interpretationen des Islam folgen und den politischen Islam ablehnen, sind nicht einfach so aufgetaucht. Sie haben ihre Ansichten aus den Texten des Koran und anderen islamischen Quellen. Für sie bin ich ein ehemaliger Muslim und ich fordere, dass der Hass gegen Atheisten, der oft zu deren Ermordung führt, aufhört und nicht mehr geduldet wird. Sie werfen mir Islamophobie vor. Doch indem sie Atheisten keine Rechte zugestehen, verstärken sie nur den Eindruck, dass die Intoleranz des islamischen Systems gegenüber Menschen mit einem abweichenden Lebensentwurf eine Tatsache ist.

Seit ich nach Deutschland gekommen bin, dreht sich alles um Einwanderungs- und Integrationsprobleme. Doch das Hauptproblem, nämlich die Texte des Islam, wird ignoriert. Die Menschen müssen darüber aufgeklärt werden und man muss anfangen, die Dinge beim Namen nennen. Viele Muslime spielen ein falsches Spiel und wir sehen dabei zu, anstatt zu handeln. Das Scheitern der Integration in Europa liegt zum großen Teil an der Entstehung von Parallelgesellschaften. Viele Muslime sind verschlossen gegenüber der europäischen Kultur. Der Großteil von ihnen erkennt die Werte der westlichen Welt nicht an. Meinungsfreiheit, Glaubensfreiheit und Toleranz sind ihnen fremd. Stattdessen hetzen sie gegen jüdische und ungläubige Menschen. Frauen haben ihrem Verständnis nach nicht die gleichen Rechte wie Männer und werden deshalb unterdrückt. In Deutschland leben manche Muslime schon über mehrere Generationen, ohne dass sie sich von solchen Vorstellungen gelöst hätten. Für die Säkularisierung und die europäischen Werte stellt das eine große Bedrohung dar. Dazu kommen die Botschaften der radikalen Islamisten, die unser Leben und die Menschenrechte gefährden.

Für mich war immer klar, dass ich Rückschläge in Kauf nehmen muss. Die Gesellschaft wird nicht einfach immer ein bisschen besser, trotz aller Bemühungen. Ich kann sogar nachvollziehen, dass die Leute wütend sind. In der Vergangenheit haben viele schon mit Hass und Gewalt auf Veränderungen reagiert, wenn sie davon überfordert waren. Doch ich werde weiter gegen diesen Hass ankämpfen und eines Tages werde ich in Mauretanien alles sagen können, ohne Angst haben zu müssen. Eines Tages werden wir alle Hassgesetze in Mauretanien aufheben. Die Welle der Veränderung kommt, es ist nur eine Frage der Zeit. Denn Kampf führt immer zu Freiheit. Ich habe mich entschieden zu kämpfen und werde es nun aus den Reihen meiner Organisation, dem *Liberalen Netzwerk Mauretanien*, tun. Ich habe diese Organisation gegründet, weil die internationale Gemeinschaft und Menschenrechtsorganisationen die Lage in Mauretanien ignorieren. Die Verfolgung von Atheisten oder der LGBTQ-Community in Mauretanien wird von ihnen selten diskutiert. Aber mir wird immer bewusster, dass Gerechtigkeit, Rechte und Gleichheit bei einem freien Individuum beginnen.

Ich könnte ein Held sein und meinen Stamm stolz machen. Doch ich wusste, dass ich nicht die Art Held sein konnte, den sie erwarteten. Mein Leben dem Stamm und der Religion zu widmen, kam für mich nicht in Frage. Doch die Vorstellung von Heldentum hat sich in meinen Augen gewandelt. Ich widme mein Leben der Freiheit und den Rechten der Menschheit, anstatt dem Stamm und der Religion. Und es ist mir jetzt nicht mehr untersagt. Doch für sie bin ich nur ein Agent des Westens, der sie beschämt hat. Ich weiß, dass sie mich als Verräter sehen, den man umbringen muss. Aber ich hoffe, dass der Tag kommt, an dem sie verstehen, dass ich kein Verräter, sondern nur ein freier Mensch bin.

Die Rechts- und Verwaltungsbehörden erkennen meine Identität nicht mehr an. Deshalb ist es mir nicht gestattet, mein eigenes Heimatland zu besuchen, dort zu leben oder begraben zu werden, wenn ich sterbe. Durch den Entzug meiner Nationalität fühle ich mich, als hätte man mich in einen leeren Raum geworfen. Ich habe kein Recht darauf, das Grab meiner Mutter oder meines Vaters zu besuchen. Doch meine mauretanische Identität wird trotzdem immer ein Teil von mir sein. Denn ich bin ein Sohn der Wüste und bleibe es bis zu dem Tag, an dem ich sterbe.

Dank

Danke an diejenigen, die glauben, dass Freiheit jeden Preis wert ist.

Danke an die vielen Menschen, die ich auf meinem Weg in die Freiheit getroffen habe und die Teil dieses Erfolgs waren.

Besonderer Dank an:
Gregor Sträter und Maryam Mashkor
Nur mit ihrer Hilfe, Unterstützung und Beratung bei der Überprüfung meines Textes konnte dieses Buch in seiner jetzigen Form erscheinen. Ohne die vielen wunderbaren Menschen in meinem Leben würde dieses Buch nicht existieren.

Vielen Dank an alle, deren Namen ich nicht nennen kann, weil sie dadurch gefährdet würden, in der Islamischen Republik Mauretanien und anderswo.

Danke an Richard Dawkins, den ich nie öffentlich zu unterstützen gewagt hätte. Er ist der Autor des Buches, das in mir eine Erfahrung hervorrief, die mich an diesen Punkt brachte. Danke für alles und jeden Augenblick, den Sie dafür einsetzen, diese Welt zu einem besseren Ort für uns alle zu machen.

Danke an Jörg Elbe, Angelika Wedekind, Rana Ahmad, Stefan Paintner und Dietmar Steiner.

Danke an die Landespolizei NRW, dank derer ich mich sicher und geschützt gefühlt habe.

Alibri